商务英语教学与研究 第十辑
Business English Teaching and Research

主 编 温建平

上海外语教育出版社
SHANGHAI FOREIGN LANGUAGE EDUCATION PRESS

图书在版编目(CIP)数据

商务英语教学与研究. 第10辑 / 温建平主编；叶兴国等编. -- 上海：上海外语教育出版社, 2024. (商务英语教学与研究论丛). -- ISBN 978-7-5446-8385-2

Ⅰ.F7

中国国家版本馆CIP数据核字第2024U1S732号

出版发行：**上海外语教育出版社**
（上海外国语大学内）邮编：200083
电　　话：021-65425300 (总机)
电子邮箱：bookinfo@sflep.com.cn
网　　址：http://www.sflep.com
责任编辑：李健儿

印　　刷：上海新华印刷有限公司
开　　本：787×1092　1/16　印张 9.75　字数 231 千字
版　　次：2024年12月第1版　2024年12月第1次印刷

书　　号：ISBN 978-7-5446-8385-2
定　　价：35.00元

本版图书如有印装质量问题，可向本社调换
质量服务热线：4008-213-263

《商务英语教学与研究》编委会

编委会主任(以姓氏笔画为序)：

叶兴国　　上海对外经贸大学
陈　洁　　上海对外经贸大学

编　委(以姓氏笔画为序)：

王立非	北京语言大学	李雪茹	西安外国语大学
王光林	上海外国语大学	肖云南	湖南大学
王关富	对外经济贸易大学	张武保	广东外语外贸大学
王　勇	上海对外经贸大学	张蔚磊	上海对外经贸大学
王艳艳	上海对外经贸大学	林添湖	厦门大学
王鲁男	四川外国语大学	宫桓刚	东北财经大学
邓　海	西南财经大学	贺　云	上海外国语大学
司耀龙	上海对外经贸大学	翁凤翔	上海海事大学
史兴松	对外经济贸易大学	郭桂杭	广东外语外贸大学
吕世生	南开大学	曹合建	上海对外经贸大学
刘白玉	山东工商大学	彭青龙	上海交通大学
严　明	黑龙江大学	温建平	上海对外经贸大学
李建平	四川外国语大学	雷春林	上海对外经贸大学
李莉文	北京外国语大学	Bertha Du-Babcock	香港城市大学

主　编：温建平　　上海对外经贸大学

编辑部主任：刘金凤　　上海对外经贸大学

目 录

经济话语研究

经济话语研究要致广大而尽精微……………………………………………… 阮全友（1）
国内经济话语研究的进展与展望（2012—2022）……………… 张诗佩　李　琳（4）
行为链模型视角下中美企业致股东信函话语叙事特征比较分析……… 颜　冰（16）
经济话语视域下河南省企业网站对外话语质量的调查与分析……… 张保培　卢俊鸽（27）

商务隐喻研究

商务隐喻研究专栏主持人语…………………………………………………… 孙　毅（43）
多模态隐喻对观众行为意愿影响的实证研究
　　——以湘西旅游宣传短视频为例……………… 肖利芳　叶佳怡　苏根英（45）
民族地区旅游宣传短视频中的多模态隐喻研究…… 郑灵芝　陈雅瑶　符　韵　刘泽海（55）
政经类语篇中的隐喻模式认知及其翻译策略研究
　　——基于语料库和隐喻识别步骤（MIP）……………… 刘　欣　孔燕平（66）

商务翻译研究

基于语料库的中国当代外交话语的翻译规范研究
　　——以《习近平谈治国理政》为例……………… 张晨夏　张蔚磊（76）
体裁视角下的商务翻译研究…………………………………… 周文萱　苏晨玥（89）
语域理论视角下故宫博物院景点介绍牌新旧译本对比研究……… 程思瑾　蒋秀娟（99）
多模态视角下的上海老字号译名翻译…………………………… 李向玫　饶小飞（107）

商务英语教学与能力研究

语言、专业与思政的三融合一体化教学模式探索
　　——以国际商务专业学位研究生"商务英语"课程思政实践为例……… 王文君（119）
美国与澳大利亚的语言能力标准对完善中国英语能力等级量表的启示
　　——兼评《外语能力标准的国别研究：美国与澳大利亚》……… 邹　斌　卜家昕（128）

书评与会讯

第三届全国商务翻译大赛工作报告…………………………………………… 郭　义（137）
史有为新作《汉语外来词》述评……………………………… 朱　雷　徐梦婷（141）

征稿启事……………………………………………………………………… 本刊编辑部（147）

Contents

Domestic Advances in Economic Discourse Research (2012-2022)
.... *ZHANG Shipei　LI Lin* (4)

A Comparative Study of Narrative Features of Chinese and American Corporate Discourses
　　of Letters to Shareholders from the Perspective of Action Chain Model ...... *YAN Bing* (16)

An Investigation on the International Discourse Quality of Corporate Websites in Henan
　　Province from the Perspective of Economic Discourse ...... *ZHANG Baopei　LU Junge* (27)

An Empirical Study of the Influence of Multimodal Metaphors on Viewers' Behavioral Intentions
　　— A Case Study of a Short Tourism Promotional Video of Xiangxi
.... *XIAO Lifang　YE Jiayi　SU Genying* (45)

A Study of Multimodal Metaphors in Short Videos for Tourism Promotion in Ethnic Areas
.... *ZHENG Lingzhi　CHEN Yayao　FU Yun　LIU Zehai* (55)

Research of Metaphorical Mode and Translation Strategy in Political and Economic Texts
　　— Based on Corpus and MIP .... *LIU Xin　KONG Yanping* (66)

The Reconstruction of Translation Norms of Diplomatic Discourse of Contemporary China
　　— A Corpus-based Case Study of *Xi Jinping: The Governance of China*
.... *ZHANG Chenxia　ZHANG Weilei* (76)

Research on Business Translation from a Genre Perspective
.... *ZHOU Wenxuan　SU Chenyue* (89)

A Comparative Study on the Former and Present Translation Versions of the Scenic
　　Spot Introduction Boards in the Palace Museum from the Perspective of Register
　　Theory .... *CHENG Sijin　JIANG Xiujuan* (99)

The Translation of Shanghai Time-honored Brands: From the Multimodality Perspective
.... *LI Xiangmei　RAO Xiaofei* (107)

The Teaching Mode Research on the Incorporation of Language, Specialty and Curriculum
　　Ideology and Politics — Taking the Curriculum Ideology and Politics of Business English
　　Course for Master of International Business as an Example .... *WANG Wenjun* (119)

Implications of the Language Proficiency Standards of the United States and Australia on
　　Improving China Standards of English — A Review on *Cross-nation Study on
　　Language Proficiency Standards* .... *ZOU Bin　BU Jiaxin* (128)

A Review of Shi Youwei's Latest Monograph—*Loanwords in the Chinese Language*
.... *ZHU Lei　XU Mengting* (141)

经济话语研究

经济话语研究要致广大而尽精微

阮全友

"仓廪实而知礼节,衣食足而知荣辱"是春秋时期齐国著名思想家管子提出的有关国家治理和经济发展的重要思想,主要阐释了物质与文明、物质与精神的辩证关系,用通俗易懂的语言告诉我们——经济发展是安居乐业的基础需要,文明进步是社会发展的高阶需求。这一两千多年前的中国智慧,对现代社会仍然具有重要的指导意义。

中华人民共和国成立以来,在中国共产党的正确领导下,改革开放和社会主义现代化建设取得了巨大成就。当前,我们已经进入社会主义新时代,完成了脱贫攻坚的历史任务,仓廪实,衣食足,实现了"小康"这个中华民族的千年梦想。在面对"知礼节、知荣辱"等更高发展阶段的任务和目标时,党的二十大明确指出——从现在起,中国共产党的中心任务就是团结带领全国各族人民全面建成社会主义现代化强国、实现第二个百年奋斗目标,以中国式现代化全面推进中华民族伟大复兴。这一伟大事业前途光明,任重道远。前进的过程中,战略机遇和风险挑战并存。其中,国际话语权的博弈尤为突出,是中国实现高质量发展、共建人类命运共同体过程中必须解决的历史性问题。中国作为全球第二大经济体和最活跃的贸易国,经济活动涵盖面广,内容丰富,伴随这些活动方方面面的经济话语也是国家话语体系的重要组成部分,是经济研究、语言研究,也是政治、文化、科技、教育等跨领域、跨学科研究的重要内容。因此,经济话语研究要致广大而尽精微——既能系统展示中华民族伟大复兴宏大叙事的根本特性,也要立足国际国内经济实践,精微之处做到润雨无声生万物,泽川不言纳百水。

其一,经济话语是国家话语体系的重要组成部分,也是全球治理体系的重要环节。"致广大",要求我们认清当今世界国际话语现状的整体趋势——以中国为代表的发展中国家话语体系正在逐渐解构美西方话语霸权,并通过全新的叙事视角、叙事内容、叙事方法成为国际话语体系中的一股新鲜力量。中国式现代化建设的历史经验与西方的现代化进程有着根本的不同,中国发展见证了一个近百年来积弱积贫的奋斗者,成就了"中国制造"的制造业优等生,也正在努力学习并发展成为"中国创造""中国智造"等相关领域的优等生,这在中国经济高质量发展的效率增长、结构优化、创新能力、可持续性、开放性、包容性等方面有着清晰的规划。但国际舞台(主要是以美国为主的西方国家)的回应却充满了逆全球化、单边主义、贸易保护主义等全方位胁迫、打压,传统智慧中对"知礼节、知荣辱"等精神文明层面上的追求告诉我们,经济领域里的话语霸权是广大发展中国家发展道路上的拦路虎,话语权的博弈是无法逃避的。以西方资本主义全球化思想为主导的国际话语现状,是一种在西方工业革命基础上通过长期殖民掠夺建立起来的基于所谓"国际规则"的对抗性零和博弈思维,这种利益至上、赢者通吃的思维模式导致国际间的经贸交往缺乏信任与合作,加剧了地缘政治的紧张,增加了战争与冲突的风险。然而,以人类命运共同体理念为核心的中国话语倡导的是开放包容、对话沟通、合作共赢,这一打破西方话语霸权神话的鲜活力量为国际社会发展提供了不一样的路径,是推动和变革全球治理体系和促进新型全球化关系贡献的中国智慧和中国方案。在经济话语研究中,准确把握国际话语的这一未来演进趋势至关重要,是我们重塑国际话语体系的重要基础。

其二,任何宏大叙事都是通过微观话语活动来实现的,需要发扬"尽精微"的精神。一方面,国家话语体系是整体的理念、战略和思想,旨在引领经济话语的价值导向,指导经济实践。经济话语作为国际交流的重要工具,能够有效地传递中国社会发展的理念、战略和成就。通过经济话语的阐述,将中国式现代化思想、人类命运共同体理念等宏大叙事深入应用到"一带一路"建设、世界贸易组织、二十国集团、亚洲基础设施投资银行、金砖国家新开发银行等国际经济合作中,共同应对贸易制裁、保护主义等全球性经济挑战等实践,加强经贸往来,推动双边和多边合作,参与全球经济治理,推动合作共赢,共同发展,使得国际社会能够更深入地了解中国经济的历史、现状和未来发展方向,增进对中国的理解和认同。另一方面,微观的经济话语也可以在实践中分析西方经济活动中的对抗性事件、冲突性事件,解构构成这些事件的社会背景、主客体对象、对抗冲突元素、事件发展路径和结构等,以话语为视角还原西方经济活动中的对抗、冲突和短视等霸权思维,揭露西方现代化发展的本质,通过摆事实的方式与中国式现代化的事件、案例进行对比,做到知己知彼、取长补短,在此基础上,从小处入手、向细节发力,进一步重构开放包容、对话沟通、合作共赢的新型国际话语体系。

《商务英语教学与研究》第十辑第一组专栏的三篇文章聚焦经济话语研究,分别从2012—2022年间我国经济话语研究现状的文献计量研究、中美企业致股东信函话语叙事特征比较以及国内企业国际传播力三个角度深入展开,既整体展示了近十年来国内经济话语研究的历时特点和规律,也关注到了企业年报书写特点和企业网站对外传播中的话语质量等具体经济话语实践。由此可以看出,经济话语研究已经引起了商务英语教学相关教师和研究者的广泛兴趣,是外语教学与研究领域的重要选题,非常值得学界的高度重视。这也表明,一方面,随着我国经济发展走向高质量发展阶段,国际舞台上的经济活动会越来越丰富、越来越复杂,经贸规则、经贸交流、经济政策、经济纠纷等必须融入更多的跨学科意识、跨学科思维、跨学科研究实践,语言学者有了更为广阔的研究空间;另一方面,在面对国际话语体系中被动挨骂的叙事现状时,语言教学者、语言学习者、语言研究者都要立足中华民族伟大复兴的历史舞台,认清国际社会话语竞争博弈的残酷现实,勇于担当,准确把握经济话语、政治话语、法律话语、国防话语、文化话语、科技话语等国家话语和传播体系中的大叙事和小叙事,讲好中国故事,传播好中国声音,准确把握中华民族伟大复兴的历史契机,产出更多高质量的研究成果。

阮全友

中南财经政法大学外国语学院副院长、教授,硕士生导师。主要研究方向为外语教育,关注外语与外语教育在近现代中国社会发展进程中的历史作用、现实定位和未来走向。先后主持并完成多项全国教育科学规划课题、教育部人文社会科学研究课题以及省级课题。2005年获湖北省教学成果一等奖(主要成员),2018年获湖北省教学成果奖二等奖(负责人),2022年获湖北省教学成果奖二等奖(主要成员)。已出版学术专著3部,在《外语界》《外语电化教学》等国内外重要学术期刊发表学术论文30余篇。

国内经济话语研究的进展与展望
(2012—2022)

张诗佩 李 琳

(对外经济贸易大学 北京 100029)

摘 要：本文旨在考察2012—2022年间我国经济话语研究现状。基于计量可视化的研究方法，从总体特点、研究热点、发展趋势和研究方法四个维度，对2012—2022年发表于CSSCI来源期刊的610篇经济话语研究文献进行分析和总结。本研究发现了以下特点：研究方法以基于文本和大数据的信息挖掘为主，研究对象以中央银行、上市公司和电子商务为主，语料来源以网络话语、广告话语和企业话语为主，研究内容聚焦多种话语和修辞特征，研究目标是发现话语对经济和管理指标的影响，研究视角涵盖语言学、管理学和经济学等学科；还发现了以下变化：研究对象从传统话语到社交网络话语，研究方法从话语分析到大数据时代的机器学习，研究内容从文本信息沟通到如何通过话语进行公司治理，研究视角从语言学视角下的商务话语分析到跨学科视角下的文本挖掘。本文对经济话语研究发展方向辨识和选题确定具有一定启示。

关键词：经济话语；可视化；研究进展

1. 引言

经济话语作为一个新兴的研究领域和一个跨学科的研究课题，正日益受到学界的关注。"一带一路"倡议的提出促进了商务话语研究的迅速发展，语言学界越来越关注企业报告、经济政策文件、经济报道中话语和修辞特征(王立非、郜寒 2016)。与此同时，话语也逐渐成为经济学、管理学关注的焦点之一(吕源、彭长桂 2012)。经济学和管理学出现的话语转向使得诸多该领域学者对语言及其在经济活动和企业行为中的作用产生了浓厚的兴趣，他们将话语指标或特征作为变量，考察话语与经济行为的关系。这一新的理论视角与研究范式得到了越来越多的学术关注与认可，经济话语研究正是发轫于此。本文采用计量文献学的可视化方法考察2012—2022年间我国CSSCI来源期刊发表的经济话语学术论文，力图分析国内经济话语的研究现状、热点领域、变化趋势和研究方法的特点。考察国内经济话语研究对我们构建国家话语体系、提升国家话语能力有启示作用，对我国经济话语人才培养和实践有指导意义。

2. 研究方法与研究问题

本研究文献来源为CNKI(中国知网)数据库中的CSSCI来源期刊。经济话语研究可以分为宏观、中观和微观三类，分别对应国家、企业、个人三个层次。其中，宏观经济话语包括国际组织经济话语、国家经济话语、行业组织经济话语；中观经济话语包括企业战略话语和企业管理话语；微观经济话语包括经济学家话语、企业家话语、员工话语、商人话语(李琳、王立非 2019:7)。不同的话语研究对象或主题不同,如企业战略话语包括并购话语、合同话语、招股话语等。以这些研究对象或主题为关键词进行文献检索,设置期刊发表年限为 2012—2022 年,共 11 年,从中筛选出与经济话语研究相关的论文,并将确定的文章依据主题进行分类归纳,导入 NoteExpress。文献来源包含作者、标题、来源出版物、摘要等信息。最终检索到的有效文献为 610 篇。将文献以 Refworks-citespace 的格式从 NoteExpress 导入可视化分析软件 CiteSpaceⅡ,对文献发表时间分布、高频关键词进行统计并绘制可视化知识图谱进行分析。具体方法包括绘制知识图谱、提取关键节点文献、运用主题词聚类等。本文重点回答以下四个问题:

(1) 国内近十一年经济话语研究的总体特点和趋势是什么?
(2) 国内近十一年经济话语研究热点话题有哪些?呈现何种特点?
(3) 国内经济话语研究的热点在过去十一年有何变化?
(4) 采用何种研究方法?

3. 结果与讨论

3.1 国内经济话语研究的总体特点与趋势

统计显示,近 11 年来,CSSCI 来源期刊共发表 610 篇经济话语研究论文,年平均发表量 55 篇左右。这表明,作为国家话语的一个重要组成部分,经济话语并未受到足够的关注(李琳、王立非 2019)。2012 年至 2018 年的论文发表量总体平稳,在 30~40 篇以内,伴有非常小幅度的上升或下降。2018 年后论文发表量持续上升,且上升趋势明显,2021 年论文发表量是 2012 年的两倍多,2022 年论文发表量是 2021 年的两倍多,说明经济话语研究在近两年逐渐受到学界的关注,是一个非常具有发展潜力的研究领域。

图 1 中国经济话语研究的发展趋势(2012—2022)

经济话语研究的论文发表在 197 种不同的 CSSCI 来源期刊,对期刊的分类统计显示,论文主要发表在以下七类期刊:(1) 经济学和管理学类,如《财经研究》《管理评论》,共 197 篇;(2) 综合类学报/期刊,如《北京师范大学学报》《学术界》,共 129 篇;(3) 语言文学类,如《外语学刊》《中国外语》,共 92 篇;(4) 信息科技学类,如《情报科学》《中国科技论坛》,共

71篇;(5)新闻学与传播学类,如《新闻界》《当代传播》,共29篇;(6)政治学类,如《理论视野》《行政理论》,共16篇;(7)翻译学类,如《中国翻译》《上海翻译》,共9篇。发表在经济学和管理学类期刊的论文主要是在经济学的研究关注话语与经济的关系,探讨话语与经济之间的相互影响和作用;而语言文学类期刊则是关注各类经济文本的宏观和微观话语特征,经济话语教学与实践,经济话语背后由经济、政治、科技以及社会文化等多种因素共同构成的动态语境。就目前来说,经济学和管理学更为关注经济话语研究,这值得语言学界的重视和思考。经济话语是国家话语体系的组成部分(陈汝东 2011),未来语言学者应该关注经济问题或经济现象,从跨学科视角开展经济话语研究,尤其是中国特色的经济话语研究和中国对外经济话语研究(吴赟 2020)。

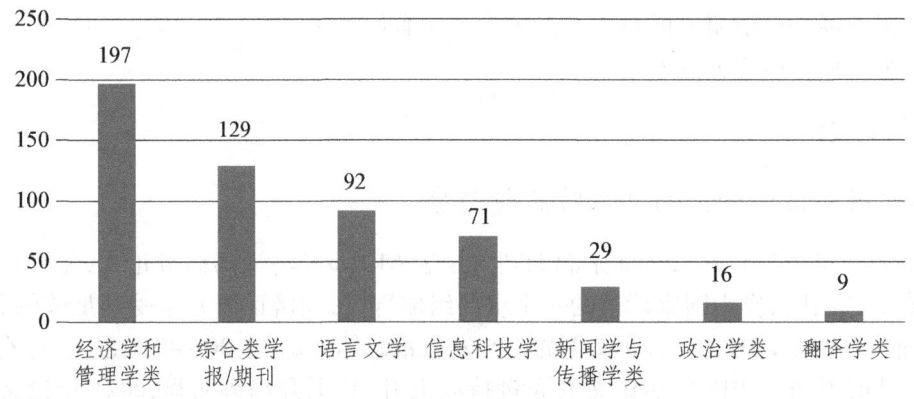

图 2　中国经济话语研究论文期刊分布特点(2012—2022)

通过归纳整理,610篇文献主要涉及15类研究主题(表1)。宏观经济话语的研究主题主要是国际话语权(共16篇)、中央银行沟通(货币,汇率,共49篇)、国家经济话语权(共11篇)、国家话语体系(经济学、经济学术,共10篇)、脱贫扶贫(共7篇)、农村农业发展(共5篇)。中观经济话语的研究主题主要是企业年报(共75篇)、广告与品牌(共73篇)、管理层语调(共23篇)、社会责任报告(共14篇)、招股说明书(共7篇)。微观经济话语的研究主题主要是用户评价话语(共83篇)、微观经济学(学术)话语(共16篇)、员工话语(共6篇)、企业家/总裁话语(共6篇)。除此以外,还有媒体经济话语(共31篇),主要聚焦媒体视角中的宏中微观经济话语。总体而言,经济话语研究主题纷繁复杂,涉猎范围广,为研究者提供非常多的选题范围。

表 1　中国经济话语研究论文主题分布特点(2012—2022)

宏观经济话语	篇数	中观经济话语	篇数	微观经济话语	篇数
国际话语权	16	企业年报	75	用户评价话语	83
央行沟通	49	广告、品牌	73	微观经济学术话语	16

续 表

宏观经济话语	篇数	中观经济话语	篇数	微观经济话语	篇数
国家话语权	11	管理层语调	23	总裁商人话语	6
国家经济学术话语	10	社会责任报告	14	员工话语	6
脱贫扶贫	7	招股说明书	7		
农村农业	5				

3.2　国内经济话语研究热点的可视化分析

将 CiteSpace Ⅱ 的参数"Time Slicing"设置为"2012—2022",时间分区为"1"年。在术语来源"Term Source"选择"Title""Abstract""Author Keywords"和"Keywords Plus"。运行 CiteSpace Ⅱ,采用最小生成树算法,通过提取名词短语和主题词归并,提取得到高频主题关键词(被引频次≥4)42个,自动生成可视化共现图谱(见图3)。借助可视化图谱的线条,进一步分析不同的研究热点,其中涉及研究方法、研究对象、研究语料、研究内容、研究目标与研究理论。

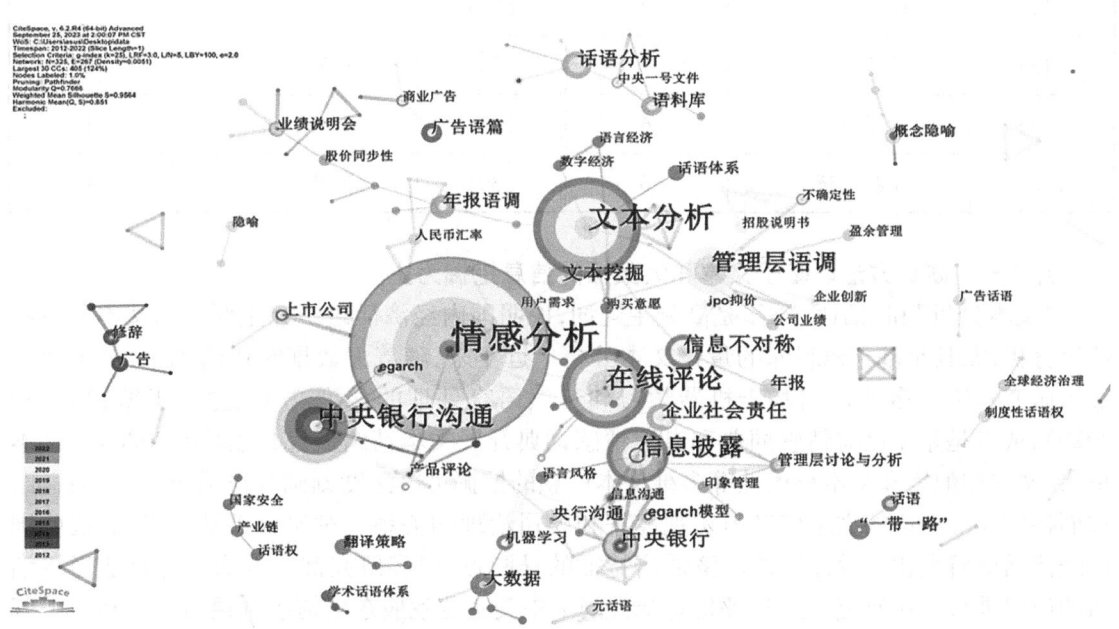

图3　中国经济话语研究热点可视化图谱(2012—2022)

表 2　中国经济话语研究高频关键词(2012—2022)

序号	主题词	频率	序号	主题词	频率
(1)	情感分析	48	(16)	电子商务	6
(2)	央行沟通	33	(17)	上市公司	5
(3)	文本分析	25	(18)	多模态	5
(4)	在线评论	20	(19)	股票市场	5
(5)	信息披露	14	(20)	公司业绩	4
(6)	管理层语调	12	(21)	印象管理	4
(7)	广告	11	(22)	修辞	4
(8)	年报	11	(23)	视觉语法	4
(9)	文本挖掘	10	(24)	元话语	4
(10)	话语分析	10	(25)	评价理论	4
(11)	语料库	9	(26)	翻译策略	4
(12)	隐喻	9	(27)	对比分析	4
(13)	机器学习	6	(28)	致股东的信	4
(14)	货币政策	6	(29)	企业创新	4
(15)	年报语调	6	(30)	语境理论	4

热点一：研究方法以基于文本和大数据的信息挖掘为主

"文本分析"和"话语分析"是高频主题词,说明国内经济话语研究主要运用文本分析和话语分析,尤其是基于语料库的量化文本分析。近年来,随着大数据时代的到来,国内经济话语研究开始更多地运用基于机器学习和自然语言处理的深度文本挖掘(王博、高青青 2020),或者是基于已有情感词典和自建情感词典开展文本情绪研究(姚潇等 2020)。文本情绪、文本相似度和文本可读性等多维文本信息的挖掘可以深度刻画经济话语的文本特征,进而探究经济话语的文本信息与宏观经济和公司治理的关系。对比分析是关键词,说明国内经济话语研究比较关注中外经济话语特征的异同点,很多研究都是选取中外企业经济话语的语料进行对比研究,比如"评价系统视阈下中美企业致股东信情感话语对比分析——基于情感词典和机器学习的文本挖掘技术"(车思琪、李学沛 2021)。这类研究以企业话语,如企业年报、企业社会责任报告、企业广告和企业简介为语料来源,阐明中外企业话语在语篇结构、语域、态度资源、语用等方面异同及原因。也有部分研究关注中外媒体经济报道中的异同(任朝旺、曾利沙 2016)。还有研究以企业不同时期话语为语料,对比不同时期企业话语与社会变迁之间的互动关系(刘明、王世昌 2015)。"多模态"是高频关键词,因为各类商业广告是国内经济话语主要的研究对象,而广告是典型的多模态语篇,多模态话语分析框架可以深入挖掘广告中的文本符号与视觉符号,可以更好地表达出广告的意义以及文化内涵。共词分析也是高频词,经济话语研究聚焦国家经济政策文本或文件,通过共词分析、词频分析、社会网络分析与文本挖掘等分析方法,呈现相关政策主题的发展阶段和变迁轨迹,这是经济学和管理学进行文本分析常用的方法。

热点二:以中央银行、上市公司和电子商务为主要研究对象

"中央银行""上市公司""电子商务"这三个高频关键词表明,国内经济话语主要的研究对象是包括为以中央银行沟通为代表的国家经济话语、以上市公司信息披露为代表的企业经济话语和以用户评价为代表的个人经济话语。首先,中央银行是国家干预和调控国民经济发展的重要工具,央行沟通更是经济学者与投资者了解货币政策目标、货币政策策略、经济前景以及未来货币政策意向等相关信息的重要渠道,因而在经济话语研究领域有重要地位。其次,上市公司需要借助话语载体与投资者交流公司经营管理情况,其话语特征和策略将对企业资本市场表现产生重要影响,一直受到语言学和经济学研究的关注。上市公司可利用证券市场进行筹资,与金融股票市场息息相关,这是经济学非常关注的问题。公司能够上市表明其已经发展到一定阶段,得到社会认可,具有社会影响力,以其为研究对象能使研究更有说服力和代表性。再次,电子商务正深刻地改变着工商业形态,对经济活动的各方面都有重要影响,其蓬勃发展也为研究提供了海量的数据来源。其中,电子商务平台中的用户评论是近年来经济话语研究的热门主题,该类研究主要目的之一是使提供产品和服务的商家或者企业能够更好地了解用户需求。

热点三:网络话语、广告话语和企业年报是主要的语料来源

各类商务话语是主要的语料来源,其中包括网络话语、广告话语和年报话语等。用户在线评论研究涉及电商平台和网站中的各种服务和产品评论,从旅游(阎友兵、郭亮宏 2020)、住宿(池毛毛等 2021)到食品(冯坤等 2021)和手机(范炜昊、徐健 2018)等与大众生活工作息息相关的话题。研究数据来源于公开的评论数据,收集方法主要是利用爬虫软件收集语料,如 python 和 R 软件的 rvest 包等。广告话语的语料包括纯文字的广告词以及多模态广告语篇,后者又包括静态图文广告以及动态视频广告。企业年报、社会责任报告、致股东说明书等都是公司对外信息披露的重要载体,因为经济话语研究主要关注话语特征,所以语料来源是这些报告中非数字信息的文本信息。正如王雪梅、姜霞(2019)研究所发现一样,商务语言类的研究的趋势是理论框架跨学科化。因此,这是经济话语的重要组成部分。

热点四:研究内容聚焦多种话语和修辞特征

"年报语调"为高频关键词,表明语调对信息使用者决策的影响是近年来文本分析领域重要的研究议题(王嘉鑫、张龙平 2020:12)。语调的具体指标通常是文本中表积极(乐观)或消极(悲观)意义的词汇占全文比例之差。除语调外,在经济话语研究领域,不确定性和可读性也是重要的评估变量。不确定性通常是由表达模糊含义的词语占全文的比例来度量,也有研究采用不确定词语和负面词语占全文的比例。可读性通常围绕整句平均含词量(ASW)、句顿平均含词量(APW)、专业术语占比(TP)和低频词汇占比(LFWP)等来进行度量(周佰成、周阔 2020)。情感倾向和情感指数同样也是研究所关注的话语特征,如金家华

等(2020)基于情感词库以及主题情感分析方法计算评论的情感强度和极性,最后融合情感强度,计算出总体情感指数。概念隐喻与隐喻在经济话语研究中备受关注。隐喻常被认为是人类认知世界的工具和方式,隐喻也是经济学概念认知和推理的母体(樊林洲 2016),考察各类经济话语中的隐喻表征和文化内涵可以生动、真实地反映我们如何认识和评价经济世界和经济活动。经济学隐喻在面对变动不居的经济世界时,展现出了良好的透视力和解释力(祁大为 2021),相关研究包括企业发展报告中的隐喻(李琳 2016),微商群日常互动中的隐喻(李霞 2019)等。多模态隐喻则是更多运用于广告语篇研究,涉及图像、口头符号、书面符号、音乐、多种隐喻和转喻互动模式(黄洁、何芬 2019)。元话语同样也是重要的话语特征,尤其是商务文本中往往蕴含丰富的元话语资源。Hyland(1998)指出,在不同元话语资源共同作用下,年报总裁信可以通过构建良好的公司形象来吸引股东和其他利益相关人。黄莹(2012)发现,较于中国的银行总裁信,西方使用模糊语这一人际互动型元话语更为频繁,有助于其塑造总裁谦虚、值得信赖的形象。修辞能提高语言表达效果,有效地利用修辞策略能够重塑信息的内容,影响信息使用者对信息的识别,从而对决策过程产生重大的影响(Platonova 2016)。修辞手段可以帮助提升产品与服务的经济价值,如有研究关注广告的夸张修辞(亓文香 2013)和品牌名的语义和语音修辞(占俊英 2014)。

热点五:研究主要目标是发现话语对经济和管理指标的影响

在国内经济话语研究中,经济学的研究主要采用量化话语指标,考察话语与经济行为之间的关系,聚焦在货币汇率、公司管理和股票市场。货币汇率相关研究主要考察话语对中国货币政策调控有效性的影响(贾德奎 2021),国内央行沟通对市场通胀预期的影响(王雅炯 2012)等。公司管理相关研究则聚焦于话语对公司治理各个方面的影响,如有研究发现公司盈余管理水平与管理层语调呈显著正相关关系(黄超、王敏 2019);管理层净正面语调与创业板上市公司当年业绩正相关,但与未来业绩相关性更为显著(唐少清等 2020)等。也有学者通过在线评论情感分析帮助商家了解用户需求以及目前产品与服务存在的问题,为产品的开发和服务的改进提供重要的实践借鉴,如池毛毛等(2021)通过考察携程酒店预定平台和小猪短租平台的用户评论在评论主题、主题社会网络和主题情感上的差异,帮助平台管理者有针对性地对用户所关心的主题进行产品和服务的优化。围绕金融市场的相关研究则着眼于央行沟通对我国金融市场不同期限利率的影响(谷宇等 2018),货币政策报告的文本情绪、文本相似度和可读性对股票市场波动性的影响(姜富伟等 2021)等。

热点六:经济话语研究是涵盖语言学、管理学和经济学等理论的跨学科研究

视觉语法、评价理论和语境理论是国内经济话语研究常用的语言学理论。视觉语法侧重图像产生意义的内在机制,有利于综合理解语篇,深度挖掘图像传达的信息(刘丹 2020)。国内经济话语研究中,广告语篇是显著的多模态载体话语。因此,视觉语法常用作分析广告话语的理论,帮助研究者更为全面地解读多模态动态构建意义,如余忆萍和李勇忠(2016)在多模态隐喻视角下,用视觉语法理论分析了两则可乐广告,发现细微的图像元素差别可以构建截然不同的文本意义。评价理论能够系统考察"作者/说话者在语篇中对所呈现的材料和交际的对象所持有的立场,即如何表达赞成/反对、热情/憎恨、表扬/批评及如何影响读者/听众的感受"(Martin & White 2005:1)。李琳(2016)以评价系统为理论框架,采用语料库方法提取 CEO 使用的评价标记语,考察不同类别的评价标记语是否能够反映企业 CEO 的风险认知。随着大量介入性词语的频繁使用,对于劝说话语的研究已显得尤为必要,而大量研究表明,评价理论可以为语言的劝说机制的研究提供新的视野(张鋆 2013)。企业相关文本如年报和致股东信等以及广告都带有劝说性质,如何通过话语策略劝说企业利益相关者和消费者也是经济话语研究的焦点。话语语境是经济话语的重点研究领域之一,话语的宏观经济语境研究关注话语背后的经济形式,影响经济话语的表达形式(李琳、王立非 2019),如曹晋和曹茂(2017)结合长期民族志的素材积累和传播政治经济学的理论阐释来考察"新闻民工"修辞诞生的政治经济语境。话语的微观经济语境关注话语管理所处的企业环境,如李小萌(2017)以批判话语分析和评价的相关理论为基础,从批判视角考察企业环境如何影响管理者风险话语策略,从而实现对读者的操控。印象管理是企业陈述报告的一个重要组成要素(Kress 1993)。对企业陈述报告的话语分析正是要关注企业在面临各种经营困境和重大变革时,如何有效运用印象管理来操控读者,使他们对企业前景保持信心,如陈华等(2021)发现公司高管为了降低社会公众对高额薪酬的不公平感知,趋向于对公司年报进行内容和形式上的操控,从而影响市场的资源配置效率。目前国内经济话语研究中较少采用经济学相关理论,只有苏剑(2019)关注以色列经济学家阿里尔·鲁宾斯坦用博弈论的方法分析语义形成、语义演化和语用,并对经济学的语言以及博弈论的修辞进行了反思。

3.3 国内经济话语研究热点历年演进的可视化分析

关键词时区图谱(图 4)显示过去十一年国内经济话语研究在研究对象、研究方法、研究内容、研究视角这几方面都发生显著变化:(1)研究对象从传统话语到社交网络话语。2012 年到 2015 年间,央行沟通、企业年度报告、广告语篇是最受关注的研究对象。2015 年之后,随着电子商务的发展和社交媒体的兴起,用户评论等网络话语越来越受到关注。值得注意的是,从 2012 年至 2021 年间,企业年报的研究热度未减,研究者不断从新的角度去探索这

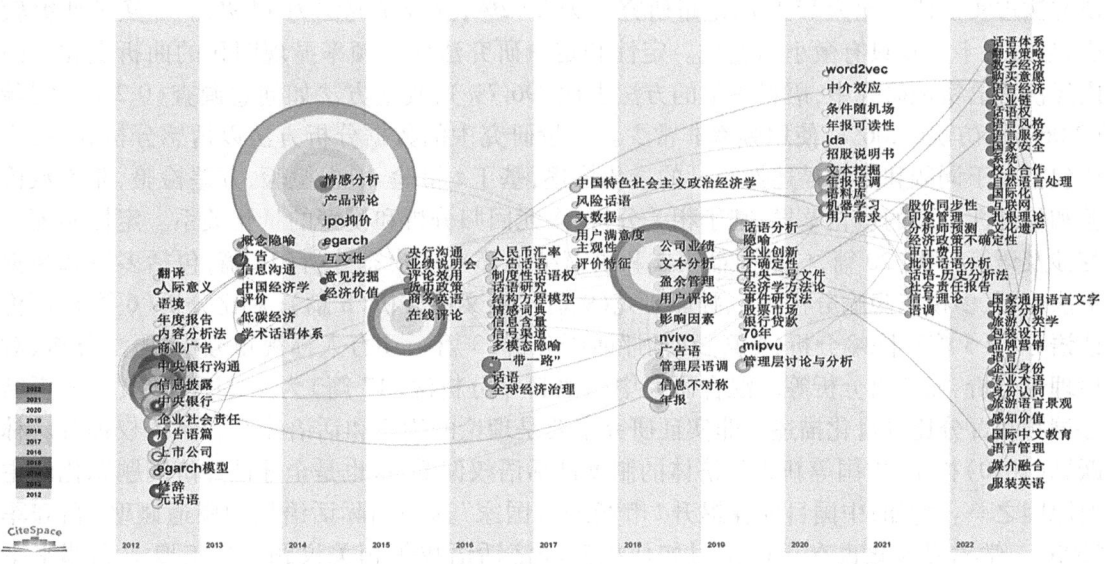

图 4 中国经济话语研究关键词时区图谱(2012—2022)

个话题,如2012年主要是信息披露和元话语,2018年可读性和公司业绩,2020年语调,2021年则从印象管理和审计费用角度。(2)研究方法从话语分析到大数据时代的机器学习。从2012年到2013年,围绕修辞、元话语、信息披露的话语分析在国内经济话语研究中占主导地位。2014年开始,情感分析相关研究受到关注,且研究热度一直持续至今。从2014年到2017年,以情感分析为代表的量化研究与以多模态话语分析为代表的质性研究是最受关注的研究方法。2018年以来,多元回归分析和主题建模(如IDA)的出现表明,国内经济话语的研究方法朝着跨学科的方向更进一步。2020年,基于大数据的机器学习和深度文本挖掘成为热门的数据分析和收集方法。(3)研究内容从文本信息沟通到如何通过话语进行公司治理。2012—2015年间,由于话语分析是主要的研究方法,研究内容主要关注文本的修辞和话语特征,虽然研究也将话语与经济现象和行为相联系,但着重点停止于两者的联系。2015—2022年间,研究明显更具深度,偏向具有预测性、可用于实践的研究,如如何利用文本提高国家宏观经济实时预测能力,如何利用用户评论知晓用户需求,帮助企业做好产品规划。(4)研究视角从语言学视角下的商务话语分析到跨学科视角下的文本挖掘。2015年前的关键词绝大多数来自语言学视角下的理论与话语特征,如会话语境和对话理论,修辞和多模态等。2016年后,研究所关注的视角明显倾向于经济管理学领域,如信号理论、审计费用、公司业绩、盈余管理、企业创新等。2022年的视角更为丰富,不仅涉及话语体系的建立,语言服务和产业链等也成为新兴话题。语言更多是作为量化语料,其特征如可读性和语调实质上最终也是为偏经管类研究所服务。这表明,经济话语研究的跨学科交叉属性更加明显。

3.4 研究方法

本文对2012—2022年CSSCI来源期刊上的经济话语研究论文做研究方法统计分析。由于样本数量较大,本文拟统计数据样本为高频期刊(相关论文发表数量≥7篇)的论文,共计160篇。数据显示,实证研究在国内经济话语研究中占主流地位,占比96.3%。其中定性研究法占实证研究比为55.8%,定量研究法为29.2%,混合研究法为14.9%。非实证研究较少,且过去十一年只有微小的变化。定性和定量研究法使用频率显现明显的曲折变化。国内经济话语实证研究中,语料收集的方法占比(96.7%),其他方法如问卷调查(0.2%)、实验(0.06%)、访谈(0.06%)使用频率非常少。定量研究中的数据分析方法以情感分析为主,主要包括基于词频和变量描述性统计的量化描述;基于 t 检验、卡方检验、方差检验、非参数检验和稳健性检验的量化差异;基于相关分析、多元回归分析和模型的量化关系。定性实证研究涉及语篇分析(20篇,包括语篇模式和语篇结构等)、多模态分析(14篇,包括多模态视觉语法分析、多模态隐喻分析等)、翻译研究(9篇)、互文性分析(8篇)、对比分析(6篇)、评价话语分析(5篇)、隐喻分析(4篇)和批评话语分析(3篇),还有人称视角分析、语法分析、对话理论分析、元话语分析等。混合研究中以语料库分析法(17篇)为主,主要是质性分析结合词频和百分比等量化描述。非实证研究主要是理论的构建和话语体系和话语权提升。林跃勤(2020)指出,中国等新兴经济体的制度性话语权偏低,这也是全球性经济问题恶化的主要原因之一。譬如,中国目前在提升"市场经济国家"这一国际话语权中屡遭碰壁(吕守军2023)。学术界为此也在积极探讨如何提升经济话语权等相关议题。如王厚双和邓平平(2018)探索了影响中国获取全球经济治理话语权的因素;陈伟光和王燕(2019)在分析了全球经济治理制度性话语权的博弈历程后,指出了中国在全球经济治理中提升制度性话语权的路径和策略;刘勇和王怀信(2020)着重强调了经济话语权的基本特征,为中国提升国际话语权提供理论依据。

4. 结语

本文分析了2012—2022年发表于CSSCI来源期刊的经济话语研究的发展现状,得出以下结论:(1)经济话语研究论文发表总量不大,但呈逐年增加趋势,而且论文主要发表在经济学、管理学和语言学期刊,研究主题涵盖宏观、中观和微观层面,涉猎范围广;(2)研究热点表现出以下特点:研究方法以基于文本和大数据的信息挖掘为主,研究对象以中央银行、上市公司和电子商务为主,语料来源以网络话语、广告话语和企业话语为主,研究内容聚焦多种话语和修辞特征,研究目标是发现话语对经济和管理指标的影响,研究视角涵盖语言学、管理学和经济学等学科;(3)研究呈现以下变化:研究对象从传统话语到社交网络话语,研究方法从话语分析到大数据时代的机器学习,研究内容从文本信息沟通到如何通过话语进行公司治理,研究视角从语言学视角下的商务话语分析到跨学科视角下的文本挖掘;(4)实证研究占主流地位,但混合式研究较少,非实证研究中话语体系理论建构及话语权提升关注度较高。经济话语研究本身具有学科交叉属性,但从目前收集文献来看,绝大多数经济学的研究是量化一些语言特征,语言学的研究则是比较浅层的通过语言来分析经济现象,极少有研究者能够真正融合语言学和经济学理论。此外,还有一些具有研究价值但目前在经济话语领域还未引起足够重视的研究话题,如低碳经济话语、合同话语、并购与话语、企业家话语、经济学家话语、员工话语等,这都有待语言学者和专业领域学者进一步研究。

参考文献:

[1] HYLAND K. Exploring Corporate Rhetoric: Metadiscourse in the CEO's Letter [J]. The Journal of Business Communication, 1998, (2): 224-245.

[2] KRESS G. Against arbitrariness: The social production of the sign as a foundational issue in Critical Discourse Analysis[J]. Discourse and Society, 1993, 4(2): 169-193.

[3] MARTIN J R, WHITE P R. Language of evaluation: Appraisal in English [M]. London: Palgrave Macmillan, 2005.

[4] PLATONOVA M. Applying emotive rhetorical strategy to environmental communication in English and Latvian [J]. Procedia—Social and Behavioral Sciences, 2016, (236): 107-113.

[5] 曹晋,曹茂. "新闻民工"修辞的政治经济语境分析[J]. 当代传播, 2017(06): 32-36.

[6] 车思琪,李学沛. 评价系统视阈下中美企业致股东信情感话语对比分析——基于情感词典和机器学习的文本挖掘技术[J]. 外国语(上海外国语大学学报), 2021, 44(02): 50-59.

[7] 陈华,包也,孙汉. 高管薪酬与社会责任报告的印象管理[J]. 上海财经大学学报, 2021(04): 76-90.

[8] 陈汝东. 论国家话语能力[J]. 北京大学学报(哲学社会科学版), 2011(05): 66-73.

[9] 陈伟光,王燕. 全球经济治理制度博弈——基于制度性话语权的分析[J]. 经济学家, 2019(09): 35-43.

[10] 池毛毛,潘美钰,王伟军. 共享住宿与酒店用户评论文本的跨平台比较研究:基于LDA的主题社会网

络和情感分析[J]. 图书情报工作,2021(02):107-116.

[11] 谷宇,郭苏莹,王亚娟. 中国金融市场会响应央行沟通吗？——基于货币和债券市场的实证分析[J]. 大连理工大学学报(社会科学版),2018(05):8-14.

[12] 冯坤,杨强,常馨怡,李延来. 基于在线评论和随机占优准则的生鲜电商顾客满意度测评[J]. 中国管理科学,2021(02):205-216.

[13] 范炜昊,徐健. 基于网络用户评论情感计算的用户痛点分析——以手机评论为例[J]. 情报理论与实践,2018(01):94-99.

[14] 樊林洲. 隐喻:经济学概念认知和推理的母体[J]. 福建师范大学学报(哲学社会科学版),2016(02):107-112+226.

[15] 黄洁,何芬. 论微电影广告中多模态隐喻的建构——以益达口香糖酸甜苦辣系列广告为例[J]. 西安外国语大学学报,2019,27(02):32-36.

[16] 黄莹. 元话语标记语的分布特征及聚类模式对比分析——以银行英文年报总裁信为例[J]. 外国语文,2012(04):84-90.

[17] 黄超,王敏. 管理层利用年报语调配合盈余管理了吗?[J]. 当代经济管理2019(06):90-97.

[18] 贾德奎. 经济不确定性指数与中国货币政策调控有效性[J]. 金融论坛,2021(04):69-80.

[19] 姜富伟,胡逸驰,黄楠. 央行货币政策报告文本信息、宏观经济与股票市场[J]. 金融研究,2021(06):95-113.

[20] 金家华,吴浪涛,张婷婷,闫相斌. 基于情感分析的外卖商家评分研究[J]. 管理学刊,2020(02):66-75.

[21] 李琳. 英美CEO风险话语的隐喻建模研究[J]. 外语学刊,2016(03):75-79.

[22] 李琳,王立非. 论经济话语的理论体系与研究领域[J]. 外语教学,2019(06):7-13.

[23] 李霞. 关系的隐喻与延伸——一个微商群的网络民族志研究[J]. 云南民族大学学报(哲学社会科学版),2019(05):44-50.

[24] 李小萌. 企业风险话语的批判分析[J]. 同济大学学报(社会科学版),2017(04):95-105.

[25] 林跃勤. 全球经济治理变革与新兴国家制度性话语权提升研究[J]. 社会科学,2020(11):16-28.

[26] 刘丹. 视觉语法视域下竖屏微电影广告的多模态隐喻构建——以华为广告《悟空》为例[J]. 华侨大学学报(哲学社会科学版),2020(01):154-160.

[27] 刘明,王世昌. 语料库辅助的汽车广告话语与社会变迁研究[J]. 西安外国语大学学报,2015(01):55-58.

[28] 刘勇,王怀信. 全球经济治理中制度性话语权的三重特征[J]. 江苏大学学报(社会科学版),2020,22(03):1-9.

[29] 吕守军. 新时代中国特色社会主义市场经济国际话语权提升研究——基于日本调节学派市场经济多样性理论的分析[J]. 当代经济研究,2023(12):48-57.

[30] 吕源,彭长桂. 话语分析:开拓管理研究新视野[J]. 管理世界,2012(10):157-171.

[31] 祁大为. 经济学隐喻及其实践方式的解释学维度[J]. 自然辩证法通讯,2021(11):86-93.

[32] 亓文香. 构式语法理论与构式广告的修辞认知研究[J]. 湖南社会科学,2013(01):245-248.

[33] 任朝旺,曾利沙. 中英文经济报道中概念隐喻的跨文化性[J]. 广州大学学报(社会科学版),2016(11):64-69.

[34] 苏剑. 阿里尔·鲁宾斯坦对理论经济学的贡献[J]. 经济学动态,2019,(03):148-160.

[35] 唐少清,詹细明,李俊林,罗妍. 管理层语调与创业板上市公司业绩关系研究[J]. 中国软科学,2020(01):32-40.

[36] 吴赟. 中国特色对外话语体系译介与传播研究:概念、框架与实践[J]. 外语界,2020(06):2-11.

[37] 王博,高青青. 中央银行沟通的一致性——来自中国人民银行的证据[J]. 财贸经济,2020(07):51-66.
[38] 王厚双,邓平平. 影响中国获取全球经济治理话语权的因素分析[J]. 经济问题探索,2018(10):33-41.
[39] 王立非,部寒. 中美银行年报语篇结构关系自动描写及功能对比分析[J]. 中国外语,2016(04):10-19.
[40] 王雅炯. 通胀预期管理下中央银行沟通的有效性研究—基于中国 2003~2010 年数据的实证分析[J]. 上海经济研究,2012(04):24-35.
[41] 王嘉鑫,张龙平. 管理层语调操纵、职业谨慎与审计决策——基于年报文本分析的经验证据[J]. 中南财经政法大学学报,2020(04):3-14+158.
[42] 王雪梅,姜霞. 我国商务英语研究 20 年(1998—2018)综述——基于中国知网 CSSCI 期刊论文的分析[J]. 商务英语教学与研究,2019(00):3-12.
[43] 阎友兵,郭亮宏. 基于网络文本的红色旅游游客情感特征研究——以韶山风景名胜区为例[J]. 湘潭大学学报(哲学社会科学版),2020(03):131-136.
[44] 余忆萍,李勇忠. 双重视阈下多模态语篇的动态构建——以两则可乐广告为例[J]. 江西师范大学学报(哲学社会科学版),2016(04):127-132.
[45] 姚潇,吴冬晓,庞守林. 基于文本挖掘的管理层语调对公司债券信用利差的影响[J]. 经济理论与经济管理,2020(03):99-112.
[46] 占俊英. 品牌名称修辞的经济价值分析[J]. 湖南科技大学学报(社会科学版),2014(02):102-106.
[47] 周佰成,周阔. 招股说明书可读性影响 IPO 抑价了吗?[J]. 外国经济与管理,2012(03):104-117+135.
[48] 张鋆. 评价的说服机制探析——以商务英语信函为例[J]. 外语教学,2013,(04):20-26.

Domestic Advances in Economic Discourse Research (2012-2022)

ZHANG Shipei LI Lin

(University of International Business and Economics, Beijing 100029)

Abstract: The purpose of this study is to review the development of economic discourse research in China from 2012 to 2022. With the CiteSpace-based scientometrics survey, the study visualizes basic characteristics, research status, development of research topics and research methodology of relevant 610 articles of economic discourse research in CSSCI journals. The results show that the research hotspots indicate the main research method is information mining based on text and big data; the research are mainly concentrated in Central Banks, listed companies and e-commerce; the corpora are mainly assembled from online discourse, advertising discourse and corporate discourse; the research focus on a variety of discourse and rhetorical features to discover the impact of discourse on economic and management indicators from perspectives of linguistics, management, economics and other disciplines. In terms of development trends, the research of economic discourse in the past decade developed from traditional discourse to social network discourse (research objects), discourse analysis to machine learning (research methods), textual information communication to approaches of corporate governance through discourse (research interests), business discourse analysis from linguistics perspective to text mining from interdisciplinary perspective (research perspectives). This study provides some implications for topics identification selection of economic discourse research.

Keywords: economic discourse; visualization; progress and trend

行为链模型视角下中美企业
致股东信函话语叙事特征比较分析

颜 冰

(江苏第二师范学院 南京 210013)

摘 要：本文基于中美企业致股东信函话语语料库,在兰艾克认知语法体系中行为链模型视角下比较分析中美企业致股东信函话语的叙事特征。本研究发现：中美语料库普遍采用标准事件模型的基本结构；美企语料库中,经历者为射体的小句多于中企语料库,更加强调公司管理者的感知体验；中企语料库移位者为射体的小句多于美企,更直观地呈现企业业绩；美企的高频动词中有较多直接反映企业与股东关系的行为动词,表现通过帮助、服务、支持等行为向被服务方传递能量,产生影响；中企表示施力的动词,强调了施事者通过不断加力对受事产生影响。具体就叙事特征而言,美企更侧重塑造叙事者的仁爱精神、诚实正直感和服务意识,而中企更侧重塑造其专业性和权威性；美企直接呈现施事者向受众的能量传递,而中企语料库围绕企业本身展开叙事。就叙事节奏而言,中美致股东信函主要呈现缓和流畅的叙事节奏,易于受众接受。

关键词：中美致股东信函；行为链；叙事特征

1. 引言

致股东信函话语属于公共关系话语,通常是企业年度报告的组成部分。致股东信函一般置于报告的开端,是年报中最为显著且最为广泛阅读的部分(Fanelli & Grasselli 2005)。致股东信函的交际目的是向股东传递企业过去一年的绩效,其理据在于以积极语调传递信息并弱化过去一年的消极绩效从而凸显促进未来增长的积极方面。此类信函目的是向股东传递企业信息,一般情况下,涉及的内容包括企业在过去一个财政年里的运营情况和财务状况、市场环境、面临的机遇与挑战以及企业未来的战略和目标等(胡春雨、李旭妍 2018)。但由于致股东信不受审核也不需遵循法定格式,享有较高的创作自由度,因而已经成为公司高层向股东沟通、构建企业形象并吸引投资的有效途径(Hyland 1998)。

近年来,企业信息披露的话语功能由传递报告信息转向营销意图(Bhatia 2017),向股东传递的年度报告被塑造为强化公司使命、目标、策略和绩效的营销工具(Kohut & Albert 1992)。然而,目前对于企业信息披露文本语言所使用的话语策略关注不够,尤其是伴随与企业绩效相关的事实和数字并通过信件、报告、新闻发布等实现高层管理者与股东交流的话语的研究较为缺乏(Bhatia 2017)。众所周知,语言是影响生产和消费的重要因素,在经济社会中发挥重要作用(莫再树、张鹏 2008);就致股东信函而言,话语内容可以提供有价值却易被忽略的信息,如其所隐含的价值倾向(Kohut & Albert 1992)。Smith 和 Taffler(2000)也指出,虽然致股东信函属于未审计部分,但却包含重要信息。因此,在语言学视角下细致深入研究致股东信函可为企业研究提供新的意义和视角。

2. 文献综述

当前,有部分学者在语言学视角下对致股东信函话语予以研究,如 Kohut 和 Albert(1992)将对财富五百强(Fortune 500)榜单中 50 家公司按照 ROE 指标分为两组,通过内容分析法对其致股东信函话语进行比较研究,发现财政绩效影响 CEO 对年度企业运营情况的报告方式;Jameson(2000)基于叙事学理论对致股东信函话语展开研究,并指出叙事理论有助于深入理解写作者如何应对复杂的商务交流挑战;Smith 和 Taffler(2000)基于内容分析法探究了公司描述性披露话语是否反应金融破产风险,其研究发现总裁陈述与金融绩效紧密相关,证明了虽然致股东信函属于未审计部分,但包含重要信息。此外,亦有学者在比较视角下分析中美致股东信函话语特征,如王立非和部寒(2016)运用 RST 软件,对比分析中美银行年报 CEO 致辞的语篇结构后指出,中方银行年报致辞语篇使用的结构关系种类较少,信息性更强,而美方银行语篇结构关系丰富,使用了较多的让步、对照、评价、从属等人际关系,劝说性更强;胡春雨和李旭妍(2018)基于自建小型语料库,系统考察腾讯和亚马逊两家企业 2004—2015 年致股东信中的元话语资源,并在作者个人的语言水平(包括对元话语资源的掌握以及体裁意识)、企业文化以及国家文化的差异性角度解释两者异同;胡春雨和谭金琳(2020)运用多维分析法,对中美企业致股东信的语域特征进行对比分析;车思琪和李学沛(2021)整合情感词典和机器学习的文本挖掘技术,运用语言学评价系统对中美企业英文版致股东信的情感话语进行了对比分析,阐明其异同及原因。从研究视角和理论来看,当下对于致股东信函话语研究的语言学视角依然不充分,有较大挖掘空间,而本文独辟蹊径,基于兰艾克(Ronald Langacker)认知语法体系中行为链模型理论探究中美企业致股东信函话语的叙事特征。

当前,兰艾克行为链模型在话语分析的应用并不多见,主要体现在对认知诗学和政治话语领域的研究,相关研究主要见于 Stockwell(2002)使用行为链结构分析其对解读诗歌《复活节的翅膀》(*Easter Wings*)推动叙事模式以及表现救赎主题的作用;Hart(2013a;2013b;2014)探究政治示威话语时采用行为链模型分析不同媒体对同一事件不同的施事、受事及交互关系的不同编码策略;Stockwell(2014)使用行为链理论分析了作品"The Heat-Ray"所使用的施事、受事编码策略对凸显人类感知特征的强化作用;Harrison(2017)分析了小说《爱无可忍》(*Enduring Love*)叙事特征中运用的行为链结构,指出使用高能量行为链结构描述事件有利于强化小说叙事紧迫性(narrative urgency);张辉和罗一丽(2017)运用认知语法相关理论概念对战略情报话语进行批评认知分析,指出战略情报中主要采取施事取向的编码策略。在前人研究基础之上,本文试图将行为链模型的应用拓展至商务话语领域,即细致探讨如何借助行为链理论分析致股东信函话语的叙事和体裁特征。

3. 理论框架

Langacker(2008;1991)在认知语法理论体系中提出行为链等概念来分析小句的基本结构,而小句结构根植于基本的人类经验。Langacker(2008:355-357)认为小句的结构由几个人类经验中原型或典型(archetype)作为其认知基础。其中一个典型是桌球模式(billiard-ball model),物体在空间中移动,通过力的物理接触相互影响,有些物体发出能量,有些传递和吸收能量。基于桌球模式,产生了行为链这一典型人类经验。一个行为链是一系列的力的相互作用,每一个行为链都包括从一个到另一个参与者的能量传递。最小的行为链包含了两个参与者相互作用以及能量的传递。在桌球模式下,基于能量的转换从施事到受事的过程,形成了一个典型事件模式(canonical event model)。Langacker(2008:366)认为,影响典型事件连接的主要因素是射体的选择。语言中有两种策略,即把射体与施事连接在一起,或者把射体与主题(theme)相连接。前者是施事取向(agent orientation),而后者是主题取向。在行为链中,被语言所编码的行为或事件的一部分是我们注意力集中之处,即被侧重的,而没有编码的则作为事件的背景存在。另一个与行为和事件相关的是原型角色(archetypal roles),诸如施事(agent)、受事(patient)、工具和经历者(experiencer)、移动者(mover)等都是行为与事件中不同的参与者角色。其中,施事指意愿发起物理活动,向外在客体传递能量的主体;与施事相对应的是受事,即由于外在物理活动的作用,吸收所传递的能量,经历内在状态变化的主体;工具即由施事操纵、对受事产生影响的物理客体;经历者指参与心理活动的主体,移动者指经历地点改变的实体。

4. 语料分析

4.1 语料库建立

本研究于财富五百强排行榜中随机选取中美各40家企业,分别于其官网下载2020企业年度报告,选取致股东信函部分分别建立两个语料库。财富五百强上榜企业的报告具有阅读广泛性和权威性(Kohut & Albert 1992)。美企语料库总形符数69 611词,中企语料库形符数68 744词。我们检索出两个语料库中出现频率最高的20个动词,根据动词前后实体成分和语境信息划分其所在小句的行为链结构并测算其频率。我们根据其行为链结构探究中美企业致股东信函的叙事特征。美企、中企致股东信函话语语料库中行为链结构统计分析如表1、表2所示。

表 1 美企行为链结构

词 项	行为链结构	频 率
be	zero-zero	18.70%(570)
	experiencer-zero	8.40%(256)
have	zero-zero	4.99%(152)
work	agent-	3.90%(119)
support	agent-patient	3.35%(102)
	patient-	0.13%(4)

续 表

词 项	行为链结构	频 率
help	agent-	2.20%(67)
	agent-patient	2.43%(74)
serve	agent-patient	3.61%(110)
	patient-	0.26%(8)
continue	agent-	8.30%(253)
make	agent-patient	6.23%(190)
focus	experiencer-zero	2.13%(65)
believe	experiencer-zero	2.23%(68)
increase	agent-mover	3.08%(94)
	mover-	0.07%(2)
commit	experiencer-zero	1.77%(54)
launch	agent-theme	1.35%(41)
do	agent-patient	3.25%(99)
provide	agent-patient-theme	0.30%(9)
	agent-theme	3.41%(104)
	patient-agent	0.13%(4)
create	agent-patient	3.58%(109)
	patient-agent	0.13%(4)
build	agent-patient	5.09%(155)
	patient-agent	0.30%(9)
deliver	agent-goal	4.76%(145)
drive	agent-patient	2.76%(84)
	patient-agent	0.30%(9)
take	agent-patient	2.89%(88)
总计		100%(3 048)

表2 中企行为链结构统计

词 项	行为链结构	频 率
be	experiencer-zero	1.17%(25)
	zero-zero	18.91%(403)
have	zero-zero	2.82%(60)
increase	agent-mover	1.45%(31)
	mover-target	5.54%(118)
continue	agent-	9.10%(194)
achieve	agent-goal	7.27%(155)
	goal-	0.28%(6)
promote	agent-patient	6.38%(136)
	patient-	0.09%(2)
improve	agent-	5.44%(116)
	patient-agent	0.33%(7)
create	agent-patient	3.99%(85)
amount	mover-target	0.99%(21)
enhance	agent-patient	4.32%(92)
	patient-	0.23%(5)
reach	mover-target	3.19%(68)
build	agent-patient	5.44%(116)
	patient-	0.09%(2)
make	agent-patient	4.15%(88)
	patient-	0.8%(17)
accelerate	agent-patient	4.13%(88)
	patient-	0.09%(2)
complete	agent-patient	1.22%(26)
	patient-agent	0.38%(8)

续 表

词 项	行为链结构	频 率
launch	agent-patient	1.78%(38)
	patient-agent	0.14%(3)
focus	experiencer-zero	3.61%(77)
ensure	experiencer-zero	2.49%(53)
expand	agent-patient	2.06%(44)
	patient-	0.28%(6)
establish	agent-patient	1.69%(36)
	patient-	0.14%(3)
总 计		100%(2 131)

4.2 中美语料库行为链结构特征比较

通过表1、表2,我们可以看出,中美语料库普遍出现的行为链结构为"施事—受事"模式,符合标准事件模型的基本结构。不过,致股东信函的施事—受事模式与兰艾克的标准事件模型(如图1所示)有所差异的是:在兰艾克的模型中,观察者(viewer)处于台下区域,其本身不是概念内容的一部分,但是在中美致股东信函中,观察者通常与施事者融合,即使用第一人称we作为施事主体,在与股东交流过程中强调"我们"的主动性。相对而言,以受事为射体的小句在中美语料库中都较为少见,因为致股东信函的主要交流意图在于向股东传递公司的行动实施力,从而获取股东对其的肯定和支持,因而施事取向小句为中美致股东信函主要呈现的小句模式。

然而,中美语料库行为链结构亦呈现了较大的差异性。美企语料库中,经历者为射体的小句占14.53%,中企语料库经历者为射体的小句仅占7.27%。经历者一般是具有感知能力的有生命主体,这说明相对于中企而言,美企更强调公司管理者的感知体验。例如:

(1) I believe deeply in this company and the powerful future we will create together (Intel).

企业管理者将对公司未来的信任这一心理感知传递给受众,以期拉近与受众距离,增强受众对企业的信任感。

相较而言,中企语料库移位者为射体的小句占9.72%,美企移动者为射体的小句仅占0.07%。这些移动者主要为"amount、reach、increase"的动词射体。例如:

(2) At the end of 2020, our total assets reached RMB 27.21 trillion, representing an increase

of 9.4% as compared to the end of the previous year; our net profits amounted to RMB 216,400 million, representing an increase of 1.6%.

移位实体为企业资产、利润,通过动词 reach、amount to 表示所到达的目标。值得注意的是,移位实体通常是非生命性实体,这种移位特征具有隐喻性含义,即在非生命性实体和有生命性实体间产生映射,表现企业资产和利润通过不断积累所达成的目标,强调移位的结果,直观呈现企业业绩,反映了中企更倾向于向受众呈现事实依据,强调公司的进展和能力。

此外,美企的高频动词中有较多 support、help、serve、provide 这类直接反映企业与股东关系的行为动词,其构成的小句占比 15.82%。这类动词明确了施事与受事的关系即施事者向受事者传递能量。通常,施事为企业,受事较为广泛,如产业、社区、股东等,能量由企业向被服务方转移,使被服务方成为能量吸收者,表现通过帮助、服务、支持等行为对被服务方所产生的影响。例如:

(3) Verizon supported small businesses whose incomes dried up in the economic downturn (Verizon).

例(3)表示美国威瑞森通信公司(Verizon)作为能量源,向在经济危机中受到冲击的小企业施加援助力,对其产生影响。这种影响在一定程度上提升了小企业抵御危机的能力,从而强化了企业的正义感、责任感,表现出该公司的仁爱精神和影响力。相比之下,中企语料库中这类动词频次较少,把焦点更多地放置在企业的行为动作之上,企业与股东的交互性相对较弱。中企表示施力的动词如 promote、accelerate、improve、enhance、expand 等频次较高,这类动词所在的小句中施事主体为企业,受事为产业、政策等,这类动词构成的行为链结构强调了施事者通过不断加力对受事产生影响,从而使受事的状态得到提升。例如:

(4) We promoted innovation of our financial products and services aiming to provide more convenient and efficient financial services. We accelerated the optimization of our business procedures to constantly improve customer experience. We further enhanced the inclusiveness and accessibility of our financial services by upgrading the establishment of our foundation-level branch outlets and refining our outlet layout in new urban areas, new communities and major counties(ABC).

例(4)以连续的行为链结构表现企业促进创新、加速行业优化、提高包容性与可及性的系列动作,从而达到预期结果,虽然侧重点在于最终所达成的结果,将企业业绩更直观地呈现给受众,但是这一过程中企业将其持续不断的努力视为能量来源,意图表征产生成效是依靠持续的努力。值得注意的是,中企语料库中使用加多施力类动词强调行为动作所产生的影响,侧重企业本身,而企业之外的受众处于更为隐含的位置,相对美企而言,中企致股东信函话语中企业与股东的距离感更大,交互性较弱。

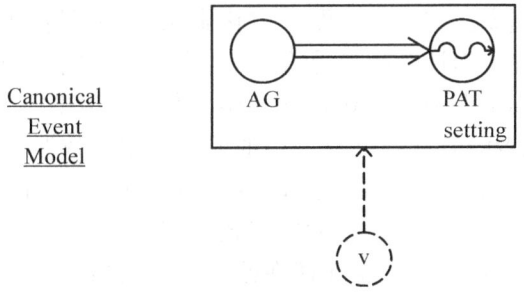

图 1　兰艾克经典事件模型(Langacker 1991：285)

4.3　中美语料库叙事特征比较

致股东信是企业领导层与外部股东或潜在投资者的书面交际方式,是对年报内容的高度概括(胡春雨、谭金琳 2020)。致股东信函主要目的在于实现企业与股东的交流。致股东信函的写作主要在公司管理者的视角下呈现,因而叙事者通常为公司的管理者,但叙事者并非游离于叙事内容之外,纯粹客观地呈现概念内容。在致股东信函中,叙事者通常参与叙事内容并成为其中的重要成分,作为行为链的能量来源,承担施事者角色,且作为小句射体成分,成为主要侧重的焦点,凸显了叙事者的特征建构。中美致股东信函都使用了较多施事—受事模式,中企语料库高频动词施事—受事行为链结构小句占比 35.16%,美企语料库中这类结构小句占比 33.49%,这表明双方的共性在于强调动作的施事主体,突显叙事者的主动性、能动性和影响力,构建了叙事者有能力、有责任感、有影响力、有实干精神的形象,但是中美叙事者形象建构的差异还体现在,美企的受事主体除了企业产业、政策之外,亦涵盖社区、小企业、股东等更广泛的主体,在行为链结构中凸显企业与受众的互动关系,中企在行为链中直接体现企业与受众关系的较为有限,更侧重于以移位者为射体,直接呈现企业绩效且高频使用施力动词,强化企业通过努力创造的成果,更为突出企业的权威性。因而相较而言,美企更侧重塑造叙事者的仁爱精神、诚实正直感和服务意识,而中企更侧重塑造其专业性和权威性。

就叙事者与受众关系而言,中美语料库具有一定差异。美企语料库中,经历者为射体的小句占 14.53%,中企语料库经历者为射体的小句仅占 7.27%。以经历者为射体的小句通常搭配感知类动词,从而直观地向受众传递经历者的心理感知。说明美企侧重强化与受众的情感交流,拉近与受众的心理距离。此外,美企以双边双向类动词如 help、serve、provide、support 构成的小句占比 15.82%。这类小句直接体现企业与股东关系的动词,在其行为链结构中,能量两端分别为企业和受众,由施事者向受众传递能量,从而直接明确了企业和受众的具体关系,直观地体现对受众的关注,使受众也成为意义建构的一部分,拉近企业与受众的情感距离,强化与受众的平等交流;而中企语料库的高频动词构成的小句都是聚焦于施事者本身行为,在文本中直接呈现的与受众相关的信息较为有限,说明中企语料库围绕企业本身展开叙事,强调企业本身的努力和成果业绩,企业与受众的距离感较大。这种差异一定程度上可以在权力距离文化差异和语言熟练度差异上予以解释(胡春雨、谭金琳 2020)。根据霍夫斯泰德(Geert Hofstede)对权利距离的研究,中国属于权力距离相当高的国家而美国属于权力距离相对较低的国家。在高权力距离文化影响下,中国企业中权力等级分明的上下级关系和领导人的权威性是为社会所接受的,下属对上司有强烈的依附性,而美国则侧重拉近与读者的权力距离(Hofstede et al. 2010;胡春雨、谭金琳 2020)。

就叙事节奏而言,两者既有共性也有一定的差异。中企致股东信函中强调结果类的小句占比 27.76%,强调过程类的小句占比 72.24%;美企语料库中强调结果类的小句占比 14.24%,过程类的小句占比 85.76%。表明中美致股东信函呈现了较为相似的特征,这说明两者的共性在于强调叙事过程,强调企业还在改善、提高,叙事主要突出较为缓和而非急促的行为特征,使得能量传递过程逐步推移而非一蹴而就,而能量来源也通常以 the company、we 为主,叙事主体连贯性较强,使得叙事过程流畅缓和,容易让受众接受。但两者相比,中企强调结果类的小句多于美企,说明中企比美企更强调行为动作的终点状态,突显企业的成绩,叙事节奏更快。这一差异也与叙事者与受众关系差异具有一定关联性。中企信函中叙事者与受众的交流性相对较弱,从而叙事节奏较快,而美企信函叙事者与受众交流性较强,从而叙事节奏较为缓和。

5. 结语

本文通过建立中美企业致股东信函话语语料库,根据语料库中高频动词标注并统计小句行为链结构,在兰艾克认知语法体系中行为链模型视角下比较中美企业致股东信函话语的叙事特征。本研究发现:中美语料库普遍采用施事—受事模式,符合标准事件模型的基本结构,但观察者通常与施事者相融合,凸显观察者的主动性和施事性;美企语料库中,经历者为射体的小句多于中企语料库,更强调公司管理者的感知体验;中企语料库移位者为射体的小句多于美企,强调移位的结果,更直观地呈现企业业绩,反映了中企更倾向于向受众呈现事实依据,强调公司的进展和能力;美企的高频动词中有较多直接反映企业与股东关系的行为动词,表现通过帮助、服务、支持等行为向被服务方传递能量,产生影响;中企表示施力的动词,强调了施事者通过不断加力对受事产生影响,从而使受事的状态得到提升。具体就叙事特征而言,美企更侧重塑造叙事者的仁爱精神、正直感和服务意识,而中企更侧重其专业性和权威性塑造;美企直接呈现施事者向受众的能量传递,使受众也成为意义建构的一部分,拉近企业与受众的情感距离,强化与受众的平等交流,直观地体现对受众的关注;而中企语料库围绕企业本身展开叙事,强调企业本身的努力和成果业绩,在文本中直接呈现的与受众相关的信息较为有限,企业与受众的距离感较大;就叙事节奏而言,中美致股东信函主要呈现缓和流畅的叙事节奏,易于受众接受。

本文对中国企业的英文致股东信撰写或翻译有一定启示:中国企业可在英文致股东信函中呈现更多反映企业与受众关系的行为链小句结构,并适度增加以经历者为射体的小句结构,凸显企业感知经历,从而拉近与受众的情感交流距离,提高文本交互性。

参考文献:

[1] BHATIA V. Critical Genre Analysis: Investigating Interdiscursive Performance in Professional Practice [M]. London and New York: Routledge, 2017.

［2］FANELLI A, GRASSELLI N. Defeating the minotaur: The construction of CEO charisma and the US stock market[J]. Organization Studies. 2005 (6): 811-832.

［3］JAMESON D. Telling the investment story: A narrative analysis of shareholder reports [J]. The Journal of Business Communication. 2000, 37 (1): 7-38.

［4］HARRISON C. Cognitive Grammar in Contemporary Fiction [M]. Amsterdam/Philadelphia: John Benjamins, 2017.

［5］HARRISON C, NUTTAL P, STOCKWELL P, et al. Cognitive Grammar in Literature [M]. Amsterdam/Philadelphia: John Benjamins, 2014.

［6］HART C. Event construal in press reports of violence in two recent political protests: A cognitive linguistic approach to CDA [J]. Journal of Language and Politics, 2013a, 12 (3): 400-423.

［7］HART C. Constructing contexts through grammar: Cognitive models and conceptualization in British newspaper reports of political protests[M]// FLOWERDEW J (ed.). Discourse and Contexts. London: Continuum, 2013b, 159-184.

［8］HART C. Discourse, Grammar and Ideology: Functional and Cognitive Perspectives [M]. London: Bloomsbury, 2014.

［9］HOFSTEDE G, HOFSTEDE G J, MINKOV M. Cultures and Organizations: Software of the Mind (3rd Edition)[M]. New York: McGraw-Hill, 2010.

［10］KOHUT G, ALBERT H. The president's letter to stockholders: An examination of corporate communication strategy[J]. The Journal of Business Communication. 1992, 29 (1): 7-21.

［11］LANGACKER R C. Foundation of Cognitive Grammar. Vol. I: Theoretical Prerequisite [M]. Stanford: Stanford University Press. 1987.

［12］LANGACKER R C. Foundation of Cognitive Grammar, Vol. II: Descriptive Application [M]. Stanford: Stanford University Press. 1991.

［13］LANGACKER R C. Cognitive Grammar: A Basic Introduction[M]. Oxford: Oxford University Press. 2008.

［14］SMITH M, TAFFLER R. The chairman's statement: A content analysis of discretionary narrative disclosures [J]. Accounting, Auditing &Accountability Journal, 2000 (5): 624-647.

［15］STOCKWELL P. Cognitive Poetics: An Introduction [M]. London/New York: Routledge, 2002.

［16］STOCKWELL P. War, worlds and Cognitive Grammar[M]//HARRISON C, NUTTAL L et al (ed.). Cognitive Grammar in Literature. Amsterdam/Philadelphia: John Benjamins, 2014.

［17］车思琪,李学沛. 评价系统视阈下中美企业致股东信情感话语对比分析——基于情感词典和机器学习的文本挖掘技术[J]. 外国语(上海外国语大学学报),2021,44(02):50-59.

［18］胡春雨,李旭妍. 基于语料库的腾讯亚马逊致股东信元话语研究[J]. 外语学刊,2018 (01):24-32.

［19］胡春雨,谭金琳. 中美企业致股东信语域特征的多维分析[J]. 外语与外语教学,2020 (06):66-75+149.

［20］莫再树,张鹏. 我国企业英语语言使用调查[J]. 商务英语教学与研究,2008,(00):160-169.

［21］王立非,部寒. 中美银行年报语篇结构关系自动描写及功能对比分析[J]. 中国外语, 2016, 13(04):10-19.

［22］王立非,任杰. 商务英语研究新领域:国外财务叙事话语研究现状分析[J]. 外国语文,2021,37(02):1-11.

［23］张辉,罗一丽. 战略情报话语的批评认知分析——认知语法的视角[J]. 外语研究,2017,34(06):4-10+112.

A Comparative Study of Narrative Features of Chinese and American Corporate Discourses of Letters to Shareholders from the Perspective of Action Chain Model

YAN Bing

(Jiangsu Second Normal University, Nanjing 210013)

Abstract: A comparative study is conducted in this paper to analyze narrative features of Chinese and American corporate discourses of letters to shareholders from the perspective of the Action Chain Model grounded in Langacker's Cognitive Grammar based upon corporate discourses of Chinese and American letters to shareholders. It is found that both corpora tend to adopt canonical event model structure; In American corpus, clauses with Experiencer as Trajector are in higher frequency than its counterpart, emphasizing the perception and experience of company managers. In the Chinese enterprise corpus, there are more clauses with the Mover as the Trajectory than in the American corporate corpus, more intuitively presenting the corporate performance. Among the high-frequency verbs in American corpus, verbs that directly reflect the relationship between corporates and shareholders are in high frequency, indicating the transfer of energy and influence to the recipients through assistance, service, support and other behaviors. The verbs expressing force exertion in Chinese corporates emphasize the force exertion of the agent on the patient. In terms of narrative characteristics, American corporates focus more on shaping the benevolence, integrity and service awareness of the narrator, while Chinese corporates focus more on shaping their own professionalism and authority. American corporates directly present the energy transfer from the agent to the audience whereas the Chinese corporate corpus focuses more on narratives centered on the corporate itself. In terms of narrative rhythm, the letters to shareholders of both China and the United States mainly present a moderate and smooth narrative rhythm, making it more easily acceptable to the audience.

Keywords: Chinese and American letters to shareholders; Action Chain; narrative features

经济话语视域下河南省企业网站对外话语质量的调查与分析*

张保培　卢俊鸽

(郑州升达经贸管理学院　郑州　451191)

摘　要：经济话语是国家话语体系的重要组成部分,其中观层面的企业话语是提升中国经济话语国际传播力的关键所在。本文在经济话语视域下对河南省百强企业中38家企业网站的对外话语质量进行调研,结果显示：大多数企业网站的对外话语质量欠佳,差异明显；企业形象层面,虽然都有关于企业的总体介绍,但缺少叙事技巧,对年度事件、经营战略、组织架构等内容关注不够；企业公共关系层面,网站多模态话语传播数量和质量不佳,英文网站缺少如脸书(Facebook)、推特(Twitter)等国外社媒的沟通渠道,年度报告等财务披露不透明；企业国际化层面,英文网页的资讯更新速度和多语种服务还有待提高和完善。据此,笔者提出了针对性建议。

关键词：经济话语；企业网站；话语质量；国际传播力

1. 引言

近几年来,中国的国家形象遭遇到前所未有的挑战。一方面,在西方世界一直存在针对中国的主导叙事,不少带有浓重的意识形态色彩,异己特征明显,一些国家有意误解、曲解、污蔑甚至诋毁中国,并依赖其强势话语权和国际传播能力塑造中国的负面认知,打压中国媒体和媒介,影响国际舆论走向①。面对后发大国的和平崛起,霸权国家逐渐失去用虚伪面纱包装霸凌主张的耐心,扰乱国际秩序、欺凌他国的手段和方式越显粗暴和赤裸裸(杜黎明2019)；甩锅、阴谋论和污名化一度成为国际舆论场的主旋律(史安斌、童桐 2020)；国际安全挑战错综复杂,霸权主义、保护主义、逆全球化等思潮甚嚣尘上(韩升、段晋云 2022)。另一方面,中国主题"他议"和中国形象"他塑"现象依然普遍,中国时常成为国际舆论的焦点,国外媒体提及中国的频率极高,但是直接来自中国的声音很有限；中国给世界直接提供的一手信息和资料不够,发声质量不高,发声渠道不够多元,能够真正产生影响的声音就更少。在此复杂的国际局势和严峻挑战下,争夺国际话语权成为我国国际传播的重要课题。习近平总书记在中共中央政治局第三十次集体学习中强调,"讲好中国故事,传播好中国声音,展示

---

*　本研究获2022年度河南省本科高校研究性教学改革研究与实践项目"新时代研究性教学中外语专业教师素质能力结构及培养路径研究"；2023年度河南省社科联调研课题"河南省企业网站话语国际传播力研究"(项目编号 SKL－2023－2594);2024年度河南省高校人文社科项目"高校英语类专业人才参与河南国际形象建设路径研究"(项目编号 2024－ZZJH－100)资助。

① 源自孙吉胜2022年7月8日在"第一届话语·论辩与全球传播国际学术研讨会"上的主旨报告——中国对外话语体系建设：观察与思考。

真实、立体、全面的中国,是加强我国国际传播能力建设的重要任务。要深刻认识新形势下加强和改进国际传播工作的重要性和必要性,下大气力加强国际传播能力建设,形成同我国综合国力和国际地位相匹配的国际话语权,为我国改革发展稳定营造有利外部舆论环境,为推动构建人类命运共同体作出积极贡献。"①如何构建中国话语体系、加强国际传播能力,从而争取相匹配的国际话语权成为学界讨论的热点话题。史安斌和童桐(2021)认为:习总书记提出"加强顶层设计和研究布局,构建具有鲜明中国特色的战略传播体系"的方向和路径,将原本由宣传、外事等部分所负责的国际传播工作上升到了国家战略的高度。战略传播须建构多主体、立体化的"大外宣"格局,涉及国家和地方政府、外交官、企业、网红、明星、教师、留学生,甚至每一位个体,从多主体提高文化软实力和国际影响力;立体化需要具备营销/品牌意识、顾客导向意识、超文化意识和多模态话语意识,多模态中国话语体系应包括国家话语、机构话语、企业话语、文化话语和个人话语②。孙吉胜(2022)也指出加强对外话语体系建设要从多层话语内容、多样话语风格、多元话语主题、多维话语平台、多领域话语人才等方面发力。

经济话语是国家话语体系的重要组成部分。"经济话语权以国家的综合国力为基础,是以国家利益为核心,就国家和国际经济发表意见的权利,体现了知情权、表达权和参与权的综合运用,是国家话语能力的具体表现形式之一,也是国家的话语主权;在全球化的竞争与合作的国际关系中,经济话语权在很大程度上影响国家的对外开放和经济发展"(王立非等2022:316)。在经济全球化背景下,国家经济话语权反映国家的经济实力、影响力、吸引力,从而直接影响国家形象建构。因此,王立非等(2022)认为在某种程度上,经济话语权决定着政治话语权、军事话语权、外交话语权、文化话语权、科技话语权、学术话语权,应当引起高度关注。然而,目前中国的国际话语权同综合国力、国际地位不相匹配,中文国际传播严重滞后,中国的经济话语权和中国的经济大国地位严重不符。要加强国际传播能力,建设强大的经济话语权,就必须对经济话语的特点和规律加强研究。随着中国企业的国际竞争力与影响力逐年加强,中国企业在国际传播中扮演着越来越重要的角色,其声誉与国家形象建构紧密关联,是国家形象的有机载体和展现窗口,已成为提升中国国际传播能力的关键所在(李继东等2018;季为民2021)。现有文献表明,目前对中国企业国际传播力的研究多是基于中央企业或全球500强大型企业,如中石化、中石油、华为、联想、阿里巴巴等,在海外媒体、新媒体平台的国际传播力分析(李继东等2018;北京师范大学新闻传播学院海外网络传播力课题组2022),鲜有针对省属、地方企业基于门户网站对外话语质量的研究。中国企业"走出去"、中国国家形象的建构、国家话语能力的提升,不是只靠央企或特大型民营企业,更多的是有海外业务或致力于走向世界的中小型企业。因此,本文在经济话语研究视域下,通过分析河南省百强企业(38家)网站对外话语质量,探讨如何从话语研究的视角提高企业的国际传播力。

---

① 出自习近平在中共中央政治局2021年5月31日的重要讲话,见http://www.people.com.cn/n1/2021/0607/c437595-32124020.html? ivk_sa=1023197a。
② 源自冯德正2022年6月7日"广东外语外贸大学著名教授论坛暨广外话语论坛第13期"的讲座——新媒体时代的多模态中国话语与战略传播。

2. 经济话语视域下的企业话语

2.1 经济话语的缘起

经济话语的概念从商务话语发展而来。狭义的商务话语是指"在商务机构中为完成工作所产生的口头话语或书面语篇,是商务语境下的一种社会实践"(Bargiela-Chiappini 2007:3),主要关注具体的商业机构及其"完成工作"的实际功能,话语也仅限于语言模态(口头和书面),没有包含其他符号资源。广义层面,商务话语指在各种商务语境下语言和其他符号资源的话语使用和社会实践(冯捷蕴 2013);商务语境不再局限于具体的商业机构,还包含和商务活动具有直接或者间接联系的媒体、学术、商务文化,乃至意识形态等层面;商务话语也不再局限于语言模态,而是由语言、图片、声音、视频等多种符号资源共同构成的话语事件(discourse event)。张保培(2022)借鉴 Nelson(2006)建立商务英语语料库(Business English Corpus)时的分类方法,认为商务话语的语篇类型大致可以分为两类:(一)关于商务的话语(about business),可细分为商务媒体话语(business media discourse)和商务学术话语(business academic discourse),前者如《经济学人》《商业周刊》等商业报刊及电视、广播及网络新媒体上的商务采访等,后者如商科系列的教材、学术论文及著作。(二)以经商为目的的话语(doing business),也可称作商务专业话语(business professional discourse),如企业年报、商务合同、商务信函、工作面试、商务谈判、商务会议等。商务话语交流的实现可以通过语言、图片、声音、视频等多种符号资源。

经济话语和商务话语虽然有某些相同的特点,前者比后者的内涵更加广阔和丰富。王立非等(2022:9)认为:"商务的基础是经济,商务话语的概念无法全部涵盖经济话语的内涵和外延;相比商务话语,经济话语更符合学科理论特性;商务话语只涉及企业管理和商务操作层面,没有涉及全球治理和国际治理层面,难以与主流话语体系如外交话语、学术话语、科技话语、国防话语等对话和对接,而国际经济话语和国家经济话语对世界经济和国家经济发展产生深刻影响。随着我国进入中国特色社会主义新时代,商务话语也迈入经济话语的新时代。"

2.2 经济话语的定义与分类

就经济话语的属性而言,是一种典型的制度话语,是一个国际经济组织、主权国家和政党、经济机构和实体用于提出经济主张,表达经济思想,促进经贸交流,沟通经济信息,增强经济话语权的话语体系;具体表现为对经济政策和经济走向相关话题的论述、交流、演说、讨论等,与政治话语、法律话语、国防话语、文化话语、科技话语等共同构成国家话语体系(李琳、王立非 2019;王立非等 2022)。

经济话语体系包含宏观、中观和微观经济话语三个子系统,分别对应国家、企业、个人三个层次:宏观经济话语体系包括国际组织经济话语和国家经济话语系统;中观经济话语体系包括企业和机构经济话语系统,指企业在经营过程中为了传播或沟通信息而使用的书面或口头话语,如企业红头文件,企业年报话语,企业招股、上市、路演话语,银行话语,贸易投资并购文件合同话语,财经新闻话语,企业网站话语,企业宣传和产品广告话语,企业谈判话语等;微观经济话语体系包括经济学者和商业人士的话语系统(李琳、王立非 2019;王立非等 2022;李琳 2022)。

2.3 企业网站对外话语研究

企业话语属于中观经济话语,其话语形式多种多样。就传统媒体而言,企业话语涉及产品广告、新闻发布会、年度股东大会、收益公告直播、业绩发布视频会议、CEO致函、IPO说明书、企业年报(CAR)、企业社会责任报告(CSR)、股东通告、财务收益快报、审计报告、销售报告等;而基于新媒体,企业网站、企业推文、企业直播、企业微博、企业微信、企业微视频、热搜等都属于企业话语范畴。企业网站是企业品牌形象的第一站,也将企业和世界链接在一起。企业网站的优势明显,时空限制对企业宣传而言不再是问题;企业网站可以帮助企业树立和提高企业形象,提高企业知名度,优化服务流程,及时发布产品信息,与现有客户保持密切联系,并与潜在客户建立商业联系,可以优化交流效率,扩大市场份额,提高市场竞争力。因此,企业网站对外话语质量就是企业国际传播力的最直观体现。

国外企业网站表现研究包括网站信息的内容与组织、网站易用性和网站技术性等(Tarafdar & Zhang 2008)。网站信息内容往往与网站的目的相关,包括易理解、易使用和更新及时等特点。网站信息组织描述的是信息在网站上如何安排和分布,包括总体的布局和超链接的数量及有效性等。网站技术性包括安全性,访问速度和可访问性。评价指标的设计与建构是网站评价的重要研究内容,不同学者从不同角度制定了相应的评价指标,如从网站设计者的角度、网站所有者的角度、用户感知的角度、美学角度和可信性角度等(齐二娜 2019)。可见,不同的评价主体,评价的目的和角度完全不同,对企业网站的评价指标很难形成统一的、权威的评价标准;以往研究鲜有考察网站话语在网站表现中的作用。所以,为了实现对企业网站对外话语质量测评,就需要构建企业网站对外话语质量的评价模型和评价指标体系。李晨(2018)、王立非等(2022)构建了企业网站对外话语质量的三维评价模型和指标体系(如表1所示),包括企业形象话语、公共关系话语、国际化话语三个一级指标,又细分为12个二级指标和19项三级指标;选取了34家湖南省国资委监管企业的门户网站收集数据,利用变异系数法综合评价指标体系中各项指标的权重,从而对三级指标体系进行量化;调查了湖南省国企网站对外话语质量是否适应"一带一路"建设的需要;并分析了企业网站话语质量对企业绩效的影响。崔璨和王立非(2023)明确提出了企业网站对外话语质量的概念,设计了包含话语难易度、话语交互性和话语影响力3个一级指标和11个二级指标的指标体系,并对国内62家企业网站的对外话语质量指数进行了测量和评级。上述两个企业网站话语质量的评价指标体系都有可靠的信度和效度,相比而言,前者适合的企业范围更广,后者则更适合大型企业。

表1 企业网站对外话语质量指标体系

一级指标	二级指标	三级指标	赋值	计分
企业形象话语	公司历史	总体介绍	0/1	
		年度事件	0/1	

续 表

一级指标	二级指标	三级指标	赋 值	计分
企业形象话语	经营理念	企业宗旨	0/1	
		企业经营战略	0/1	
	组织架构	高层管理	0/1	
		组织架构	0/1	
公共关系话语	文字媒体	企业新闻	0/1	
		重要讲话	0/1	
	多媒体	音频/视频	0/1	
	沟通渠道	留言板/论坛/微博/微信公众号/抖音/Facebook 等	0/1	
	财务披露	联系方式	0/1	
		年度报告	0/1	
国际化话语	国际形象宣传	企业无标识	无标识=0	
		企业LOGO标识中英文	全英(中)文=1 中英文=2 英中文=3 全英文=4	
	国际客户服务	网站语种数目	语种数目	
		海外招聘栏目	0/1	
	国际市场营销	国际化栏目	0/1	
	海外使用便捷	搜索框/导航索引	0/1	
	网站国际推广	新闻更新速度	4=一周内更新 3=半个月内 2=一个月内 1=一个月以上 0=无新闻更新	
			合 计	

3. 河南省企业网站对外话语质量调查与分析

基于李晨(2018)、王立非等(2022)确定的企业网站对外话语质量评价模型和指标体系,本次调研对象选取的是河南省2021年百强企业前50中的38家企业的门户网站(以制造业为主),通过客观赋权的方法量化企业网站对外话语质量。基于网站收集的观测数据(截止于2023年8月),采用变异系数法(coefficient of variation method)计算各项指标的变异系数,作为确定各项指标权重的依据。其标准差、平均数数据、变异系数及指标权重等见表2。

表2 标准差、平均数数据、变异系数及指标权重

三级指标	个案数	平均值 Xi	标准差 σi	变异系数 Vi	指标权重 Wi
VAR00001	38	0.973 68	0.160 07	0.164 40	0.008 53
VAR00002	38	0.631 58	0.482 38	0.763 76	0.039 62
VAR00003	38	0.710 53	0.453 52	0.638 28	0.033 11
VAR00004	38	0.394 74	0.488 79	1.238 28	0.064 24
VAR00005	38	0.368 42	0.482 38	1.309 31	0.067 92
VAR00006	38	0.500 00	0.500 00	1.000 00	0.051 88
VAR00007	38	1.000 00	0.000 00	0.000 00	0.000 00
VAR00008	38	0.578 95	0.493 73	0.852 80	0.044 24
VAR00009	38	0.605 26	0.488 79	0.807 57	0.041 90
VAR00010	38	0.578 95	0.493 73	0.852 80	0.044 24
VAR00011	38	1.000 00	0.000 00	0.000 00	0.000 00
VAR00012	38	0.131 58	0.338 03	2.569 05	0.133 28
VAR00013	38	0.973 68	0.160 07	0.164 40	0.008 53
VAR00014	38	1.973 68	0.361 78	0.183 30	0.009 51
VAR00015	38	1.973 68	1.784 24	0.904 02	0.046 90
VAR00016	38	0.052 63	0.223 30	4.242 64	0.220 10
VAR00017	38	0.131 58	0.338 03	2.569 05	0.133 28
VAR00018	38	0.815 79	0.387 66	0.475 19	0.024 65
VAR00019	38	2.763 16	1.494 45	0.540 85	0.028 06

确定各项指标权重后,将调研的河南省38家企业网站对外话语质量进行量化赋分。

3.1 企业网站对外话语质量评价结果

3.1.1 企业网站对外话语质量评价得分

对河南省企业网站对外话语质量评价,采取变异系数法就19项指标进行客观赋权,计算38家企业对外话语质量的评分分值,具体如表3所示。

表3 河南省38家企业对外话语质量评价排行

排名	企 业 名 称	分 值
1	中国一拖集团有限公司	1.203 82
2	郑州宇通企业集团	0.915 69
3	许继集团有限公司	0.689 91
4	卫华集团有限公司	0.653 98
5	洛阳栾川钼业集团股份有限公司	0.639 94
6	牧原实业集团有限公司	0.639 38
7	河南心连心化学工业集团股份有限公司	0.636 16
8	龙佰集团股份有限公司	0.625 56
9	中航光电科技股份有限公司	0.612 73
10	万基控股集团有限公司	0.612 09
11	郑州煤矿机械集团股份有限公司	0.583 84
12	河南豫光金铅集团有限责任公司	0.557 98
13	中铁七局集团有限公司	0.550 12
14	河南交通投资集团有限公司	0.539 35
15	平高集团有限公司	0.505 88
16	安阳钢铁集团有限责任公司	0.503 61
17	中国建筑第七工程局有限公司	0.502 20
18	济源市万洋冶炼(集团)有限公司	0.469 07
19	伊电控股集团有限公司	0.432 94

续表

排名	企业名称	分值
20	河南中原黄金冶炼厂有限责任公司	0.432 94
21	天瑞集团股份有限公司	0.419 38
22	中国水利水电第十一工程局有限公司	0.417 09
23	万洲国际有限公司(双汇集团)	0.414 52
24	建业控股有限公司	0.390 57
25	中国平煤神马能源化工集团有限责任公司	0.361 53
26	郑州中瑞实业集团有限公司	0.355 50
27	新乡航空工业(集团)有限公司	0.352 50
28	河南能源化工集团有限公司	0.350 31
29	中原出版传媒投资控股集团有限公司	0.346 82
30	林州凤宝管业有限公司	0.324 89
31	河南明泰铝业股份有限公司	0.321 37
32	闽源钢铁集团有限公司	0.314 53
33	河南济源钢铁(集团)有限公司	0.269 92
34	河南神火集团有限公司	0.264 89
35	河南金利金铅集团有限公司	0.250 33
36	洛阳炼化宏达实业有限责任公司	0.199 13
37	河南金汇不锈钢产业集团有限公司	0.162 93
38	河南黄河实业集团股份有限公司	0.150 82

  对分值进行初步的描述统计显示,38家河南省百强企业网站对外话语质量评分分值的最小值为0.150 82,最大值为1.203 82,均值0.473 01,标准差0.202 43。通过概率直方图,可以更直观地观察分值分布情况。图1中横坐标为网站对外话语质量评分分值区间,纵坐标为分数出现的频数和频率。从图中可以看出,有21家企业网站的对外话语质量评分小于平均值0.47,占总数的55.26%;仅有一家企业分值大于1.0,占总数的2.63%。

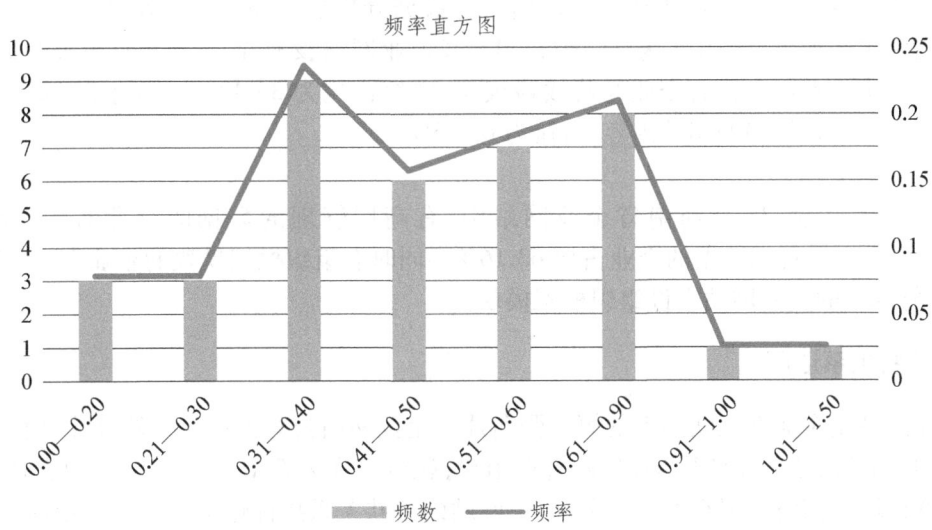

图 1　河南省 38 家百强企业网站对外话语质量评分分值分布

3.1.2　企业形象话语

(1) 企业历史

人们在网上了解一个企业的主要方式就是访问企业网站,其总体介绍、年度事件可以帮助人们更好地了解该企业。本调查采用 0 和 1 的赋值的虚拟变量统计方法,"0"为没有出现该栏目的企业数量,"1"为出现该栏目的企业数量(如图 2 所示)。数据分析显示,38 家河南省企业网站中,网站有总体介绍的相关内容的企业,占比为 97.37%。只有一家企业没有总体介绍的相关内容。24 家企业网站设有年度事件内容,占比为 63.16%。14 家企业网站没有年度事件,占比为 36.84%。

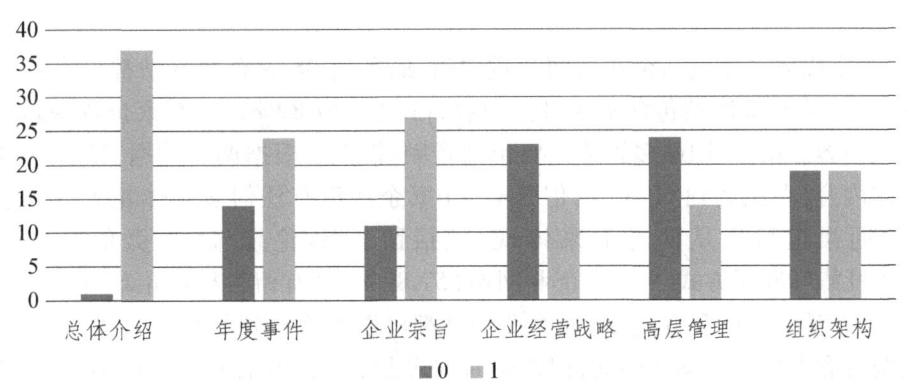

图 2　河南省 38 家百强企业网站企业宣传三级指标评价分析

(2) 经营理念

企业经营理念包括企业宗旨、企业经营战略。企业网站可以查看到企业的经营理念,了解到企业的愿景、目标、经营战略等方面信息。数据分析显示，38家河南省企业网站中，27家企业提供了企业宗旨，占比为71.05%。11家企业网站没有企业宗旨的相关介绍，占比28.95%。15家企业网站设有企业经营战略板块，内容占比为39.47%。还有23家企业网站没有设置企业经营战略的相关内容，占比为60.53%。

（3）组织架构

数据分析显示，38家河南省企业网站中，有高层管理的数据的企业有14家，占比36.84%，没有高层管理数据的企业占比63.16%。同时有组织框架模块的企业有19家，占比50%，其余50%的企业网站未设组织框架模块。

3.1.3 公共关系话语

企业网站是企业在互联网上的第一张名片。企业网站公共关系管理职能主要体现在宣传企业的知名度，改善企业形象，挖掘潜在用户，赢得广大公众对企业的信任和支持。本次抽样调查选取河南省百强企业（38家）门户网站的公共关系指标包括四个二级指标：文字媒体、多媒体、沟通渠道和财务披露；以及六个三级指标：企业新闻、重要讲话、音视频、留言板/论坛、联系方式和年度报告。调查结果显示（图3）：

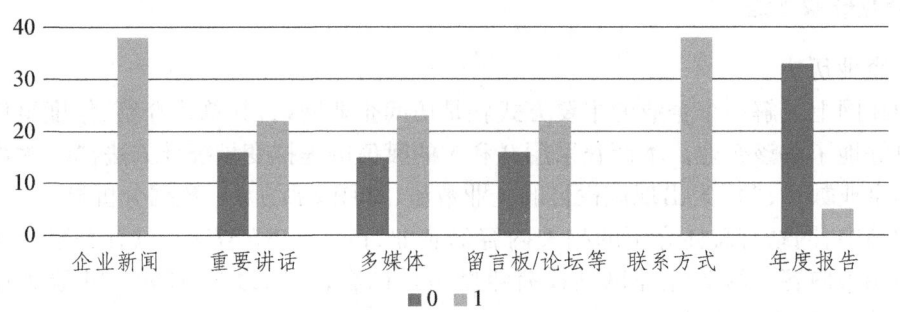

图3 河南省38家百强企业网站公共关系指标评价分析

第一，文字媒体主要包括企业新闻和重要讲话，所有38家企业网站都设有企业新闻等资讯类内容，22家企业网站包含重要讲话内容，占比为57.89%，有16家企业网站没有重要讲话的相关内容。第二，网站多媒体主要包括音频/视频。根据调研数据，23家企业网站提供了多媒体内容，占比达到60.53%，但是有15家企业没有任何多媒体相关内容呈现。第三，网站沟通渠道可以从两方面来体现，包括留言板/论坛/微博/微信公众号/抖音/Facebook等社媒和联系方式。22家企业网站（57.89%）设有留言板或论坛/微博/微信公众号等，具有交互话语功能和方式；38家企业网站都可以准确找到其联系方式，说明企业普遍重视与消费者和客户的互动和沟通，但在沟通方式上更重视电话或邮件直接沟通，缺乏对留言和论坛等间接沟通方式的重视。第四，财务披露以企业年报指标进行评价，数据分析显示，38家河南省百强企业网站仅只有5家发布相关报告的内容，其中仅有两家上市公司披露财务信息，即使是上市公司需要强制披露财务信息，大部分企业也没有主动公开公司财务方面相关信息。

3.1.4 国际化话语

企业网站国际化话语体现的是企业网站的国际化程度,包括五个二级指标:国际形象宣传、国际客户服务、国际市场营销、使用便捷和网站推广;还有六个三级指标:企业LOGO标识、网站语种数目、海外招聘栏目、国际化栏目、搜索框/导航索引以及新闻更新速度。

(1) 国际形象宣传

形象的LOGO可以让消费者记住公司形象、品牌文化与使命愿景。统计显示,38家河南百强企业网站中,86.85%的LOGO是中英文(中文为主),仅有7.89%的企业网站LOGO是全中文,5.26%的网站LOGO是英中文(英文为主),2.94%的网站LOGO是全英文。

(2) 国际客户服务

国际客户服务包括网站语种数目和海外招聘栏目,在调查的38家河南百强企业网站中,94.74%的调查对象有外文版网站,其中郑州宇通企业集团的网站语言有四种外语可供选择,分别是英语、法语、俄语和西班牙语;而中国一拖集团有限公司的网站语言有10多种,包括英语、俄语、西班牙语、法语、德语、阿拉伯语、波斯语、葡萄牙语、波兰语、印尼语等;5.26%的调查对象没有相应的外文版网站。94.74%的企业网站未设海外招聘栏目。

(3) 国际市场营销

统计显示,38家企业网站中,10.53%的企业设有国际化栏目,针对国际市场的产品介绍、项目介绍等。

(4) 海外使用便捷

使用便捷的衡量指标主要是搜索框和导航索引,76.32%的网站(外文)设置有搜索框或导航索引,其余的企业网站没有相应的外文网站(默认赋值为0),即不存在搜索框或导航索引。

(5) 网站国际推广

国际化程度中的网站推广三级指标指企业的外文网站,若不存在外文网站或外文网站资讯更新速度为0,则赋值为0,更新时间在一个月以上则赋值为1,一个月内为2,半个月内为3,一周内有更新则为4。根据统计,在38家企业网站中,10.53%的企业没有外文网站或者资讯更新速度为0,18.42%的企业更新时间在一个月以上。

为了客观评价河南省企业网站的对外话语质量,抽取了2023年《财富》世界500强排名前五的中国企业(国家电网、中国石油、中国石化、中国建筑、鸿海精密)的网站进行对外话语质量验证性调查,如表4所示。

表4 《财富》世界500强中国企业TOP5网站对外话语质量统计

世界500强排名	企业名称	对外话语质量	语 种 统 计				新媒体宣传		
			简中	繁中	英文	其他语种	微信公众号	微博	Facebook、Twitter等社媒
3	国家电网	0.67696555	√	√	√		√	√	√
5	中国石油	1.059134735	√	√	√	西语、俄语	√	√	√

续 表

世界500强排名	企业名称	对外话语质量	语种统计				新媒体宣传		
			简中	繁中	英文	其他语种	微信公众号	微博	Facebook、Twitter等社媒
6	中国石化	1.015442731	√	√	√		√	√	√
13	中国建筑	1.07274478	√		√	法、俄、阿	√	√	√
27	鸿海精密	1.299641429	√	√		越南语等7种	√	√	√

调查结果显示,就总体对外话语质量而言,除了国家电网,另外四家企业的得分均在1.0分以上,保持在较高的等级。从语种看,五家中国企业都有简体中文版本,其中四家有繁体中文网站;五家企业均有独立的英文网站;除国家电网和中国石化外,另外四家企业还提供有阿拉伯语、西班牙语、俄语、法语等外语网站服务,尤其是鸿海精密,除英语外,还设立了葡萄牙语、越南语、捷克语、斯洛伐克语等外语网站。在新媒体层面,五家中国企业的中文网站涵盖了微信公众号、官方微博,英文网站涵盖脸书、推特、油管(YouTube)等国外社媒。此外,五家中国企业中有四家都清晰披露了年报、CSR报告等内容。

3.1.5 小结

通过对世界500强排名前5的中国企业网站对外话语质量的验证性调查,相比之下不难发现:

(一)河南省企业网站的对外话语质量差异悬殊且普遍较差。抽样的企业网站对外话语质量评分平均值仅为0.473 01,55.26%的网站对外话语质量评分低于0.47,仅有一家企业评分大于1.2。

(二)企业形象话语层面:虽多数企业网站都有关于企业的总体介绍,但缺少叙事技巧,对年度事件、经营战略、组织架构等内容关注不够。

(三)企业公共关系话语层面:企业网站多模态话语传播数量和质量不佳,英文网站缺少如Facebook、Twitter等国外社媒的沟通渠道,年度报告等财务披露不透明。抽样中约40%的网站缺少音、视频内容的呈现,话语传播方式较为古板,缺少新意;仅有13%的企业网站提供年度报告等财务信息。

(四)企业国际化话语层面:虽然多数企业网站都提供有英文网页,但资讯更新速度和多语种服务还有待提高和完善。

3.2 企业网站对外话语传播质量提升建议

为了能够提出针对性建议,以中国一拖和宇通客车为例,选取同行业的中国企业如比亚迪和潍柴雷沃、沃得农机,就企业网站的对外话语质量进行对比。在新能源客车领域,根据2023年7月"新能源客车第一影响力指数"排行榜,宇通客车排行第一,比亚迪第三①。凭借新能源优势,比亚迪股份有限公司跻身《财富》世界500强第212位,相较于2021年排位提升超200位次,是上榜的9家中国汽车企业之一②。在农业机械领域,从2021年的经营数据看,排名前三的中国农机企业依次是潍柴雷沃、沃得农机、一拖集团③(见表5)。

表5 企业网站对外话语质量得分一览

行业领域	企业名称	网站对外话语质量得分
新能源客车	宇通客车	0.923 131 763
	比亚迪	1.181 566 125
农业机械	一拖集团	1.250 115 316
	沃得农机	0.477 287 502
	潍柴雷沃	0.711 619 597

统计结果显示,比亚迪企业网站对外话语质量得分高于宇通客车,而在中国农机行业,一拖集团企业网站的对外话语质量得分明显高于沃得农机和潍柴雷沃。相比宇通,比亚迪企业网站在组织架构、财务披露和网站语种数目方面略胜一筹。一拖集团在多语种服务上明显优于其国内竞争对手。同时,这几家企业网站对外话语传播方面也存在相似的问题,如组织架构信息的缺失、国内外社交媒体利用充分、财务披露不透明等。

根据上述企业网站对外话语质量调查结果和网站话语传播存在的问题,提出以下具体建议:

(1) **强化企业国际传播意识**

企业话语是经济话语体系的重要组成部分,也是提升中国经济话语权和国际传播能力的关键。在当今"万物皆媒"的智能媒体时代,传播主体趋向多元多样多层次,任何企业都应该提高传播素养,摒弃大众传播时代的理念,即认为新闻舆论不应是企业的事务,而是媒体的;是少数央企或大企业的事。

(2) **完善企业网站内容,提升用户体验**

完善企业网站内容,从企业宣传角度而言,除公司总体介绍外,还应着重强调年度事件、企业宗旨、经营战略、组织架构、财务披露等。提升用户体验,主要包括提高网站的易用性、友好性和新颖性。在传播方式上,避免落入"文字+图片"的俗套,应充分应用互联网媒体融合技术,提高社交平台和短视频传播意识,传播内容尽量生活化,叙事方式故事化,利用短视频和社交媒体,尤其是海外社交媒体,进行生动、直观、丰富得讲述中国经济故事和企业故事。

(3) **加强企业网站语言服务质量**

企业需要加强网站语言服务质量建设,包括增加企业网站外语语种选择,维持网站资讯更新速度,增加海外营销栏目、海外招聘栏目与国际化栏目等。同时,结合企业进出口需要,

---

① 数据来源:http://bus.cvworld.cn/news/bus/bsnews/230815/213274.html
② 数据来源:http://news.hexun.com/2023-08-02/209585683.html
③ 数据来源:https://www.sohu.com/a/672376467_121687419

增设外文网站选项,通过网站对外窗口、在国际上建立企业形象,提高企业知名度与影响力,有助于进一步拓展营销渠道,接触国外更大的消费群体,扩大市场,提高营销效率,增强企业竞争力。

(4) 加强外语特色栏目和主题策划

由于市场竞争日益激烈,企业网站在扩展新的业务类型的同时,也需要从环境关注(包括环境责任,环保事迹等)、员工关怀(包括员工安全与健康保障)、公益事业(包括公益事业类目以及具体介绍)等方面展现企业文化,把企业国际传播的目标更多放在文化交流上。企业网站建设过程中,要加强文化理念、科技创新、经营发展、社会责任等特色资源栏目建设或主题策划,从而加深社会公众对企业的良好印象,助推企业传播力提升。

(5) 建立专业化的企业国际传播人才队伍

提高企业网站对外话语质量和企业国际传播能力,不仅要加强网站外语编辑队伍力量,结合网站工作需求,合理设置编辑岗位以及人员,明确职责,而且需要专业人才的支持才能得以实现。建立专业化的企业国际传播人才队伍,培养一批精通目标国文化和语言、具有新闻专业素养的企业决策者、管理者和实施者;还可以探索在外籍员工中发展企业传播队伍,通过外国员工来讲述中国企业故事,使中国企业的故事更可信,更真实地反映中国企业与世界利益的情感共鸣。

4. 结语

新时代的国际竞争就是话语权之争。外交话语首当其冲,外交战线就是前沿阵地,外交人员就是战士。但争夺话语权绝不只是外交官的任务,也不只是各级政府外宣部门的工作,而应是涉及学者、网红、企业家、个人等多元多层次的努力。经济话语是新时代商务话语发展的必然,和外交话语、学术话语、国防军事话语等共同构成中国对外话语体系。中国经济话语体系的构建与经济话语传播,是赢得中国与之相匹配的经济话语权的关键,而企业作为经济话语传播的主体,企业网站对外话语质量就是企业国际传播力的最直观体现。本文首先通过文献综述,梳理了经济话语的定义与分类,明确了企业网站对外话语研究的价值和意义;然后,在经济话语研究视域下,构建了企业网站对外话语质量评价模型,评测并分析了河南省百强企业(38家)门户网站的对外话语质量;最后,针对企业对外话语传播中存在的问题,就如何提升企业话语的国际传播力给出了针对性建议。研究的局限性即未来研究方向有三:(一)尚未就企业网站对外话语质量、反向链接数、海外客户的用户体验(海外点击量)和企业绩效进行相关性分析,未能对前人研究结果进行验证;(二)本研究是从企业网站对外话语质量来窥探企业的国际传播力,还可以考量国际英语新闻和脸书等海外社交媒体平台的关注度(提及量),进一步用数据来加以印证;(三)企业网站的对外话语质量评价指标体系还需进一步优化,例如将话语难易度(语篇可读性、词汇密度、句法复杂度)纳入其中。

参考文献:

[1] BARGIELA-CHIAPPINNI F, NICKERSON C, PLANKEN B. Business Discourse [M]. Basingstoke:

Palgrave Macmillan, 2007.

[2] NELSON M. Semantic associations in Business English: A corpus-based analysis [J]. English for Specific Purposes, 2006, 25 (2): 217-234.

[3] TARAFDAR M, ZHANG J. Determinants of reach and loyalty — A study of website performance and implications for website design [J]. Journal of Computer Information System, 2008, 48 (2): 16-24.

[4] 北京师范大学新闻传播学院海外网络传播力课题组. 中央企业海外网络传播力建设的三个关键节点[J]. 对外传播, 2022(3): 8-10, 50.

[5] 崔璨, 王立非. 企业网站对外话语质量指标的验证与应用[J]. 现代外语, 2023, 46(1): 110-121.

[6] 杜黎明. 构建中国国际话语权的多重维度[J]. 人民论坛, 2019(30): 27-29.

[7] 冯捷蕴. 商务话语研究的回顾及其展望[J]. 中国外语, 2013, 10(06): 44-52.

[8] 韩升, 段晋云. 百年未有之大变局下全人类共同价值的国际传播机制建构[J]. 学习论坛, 2022(2): 68-76.

[9] 季为民. 中国企业国际传播形象建构的现状及路径[J]. 人民论坛, 2021(18): 104-106.

[10] 李晨. 湖南省国企网站"一带一路"语言服务质量调查及对策建议[D]. 北京: 对外经贸大学, 2018.

[11] 李继东, 李阿茹娜, 金明珠. 提升中国企业国际传播力的思考和建议[J]. 对外传播, 2018(9): 10-13.

[12] 李琳. 经济话语研究的进展、价值与展望[J]. 上海交通大学学报(哲学社会科学版), 2022, 30(6): 130-138.

[13] 李琳, 王立非. 论经济话语的理论体系与研究领域[J]. 外语教学, 2019, 40(6): 7-13.

[14] 齐二娜. 基于用户使用感知的"中华老字号"门户网站评价研究——以中国西南五省区市14家中华老字号门户网站为例[J]. 品牌研究, 2019(6): 3-6, 16.

[15] 史安斌, 童桐. 全球危机与中国方案: 新冠肺炎疫情下公共外交的反思[J]. 对外传播, 2020(6): 28-31.

[16] 史安斌, 童桐. 从国际传播到战略传播: 新时代的语境适配与路径转型[J]. 新闻与写作, 2021(10): 14-22.

[17] 孙吉胜. 加强中国对外话语体系建设: 挑战与方向[J]. 外交评论(外交学院学报). 2022(3): 1-20+165-166.

[18] 王立非, 王新玲, 任杰. 经济话语新发展研究[M]. 北京: 清华大学出版社, 2022.

[19] 张保培. 商务话语研究背景下的体裁教学法探索[J]. 牡丹江大学学报, 2022(3): 88-95.

An Investigation on the International Discourse Quality of Corporate Websites in Henan Province from the Perspective of Economic Discourse

ZHANG Baopei LU Junge

(Zhengzhou Shengda University, Zhengzhou 451191)

Abstract: Economic discourse is an important part of national discourse system. Corporate discourse belongs to meso-economic discourse, which is the key to enhancing the international communication capacity of China's economic discourse. From the perspective of economic discourse, this paper investigates the international discourse quality of 38 corporate websites from top 100 enterprises in Henan Province. The results revealed that the international discourse quality of most corporate websites was poor and the difference was significant; concerning corporate image, all the websites provided general introductions to enterprises, but they lack narrative skills and pay insufficient attention to annual events, business strategy and organizational structure; concerning public relations, the quantity and quality of multimodal discourse communication were not good, foreign social media such as Facebook, Twitter were missing in English websites, and financial disclosures, such as annual reports, were not released publicly; concerning internationalization, the information update speed of English web pages and multilingual services need to be improved and perfected. Thus, recommendations are given accordingly.

Key words: economic discourse; corporate website; discourse quality; international communication capacity

商务隐喻研究专栏主持人语

孙 毅

自 1980 年莱考夫(George Lakoff)和约翰逊(Mark Johnson)合著的《我们赖以生存的隐喻》出版以来,人们逐渐认识到隐喻不仅是一种华丽的修辞手段,更是人类认识世界、理解世界的一种思维模式。具体而言,人们常会无意识地通过具体、有形、熟悉的事物来理解抽象、无形、陌生的事物。于是,一些复杂笼统的抽象概念得以以一种易于理解的方式被解释、传播。例如,"政治是战争""商场是战场""经济是生态系统"等等。

商务作为一种包含多个商业交流方、涵盖多种商务活动的以实现经济利益为目标的复杂社会活动,其中产生的话语少不了隐喻的身影。隐喻是易化复杂商务概念、辅助商务信息传播的有力武器。蒙《商务英语教学与研究》编辑部委托,本人负责组建一期"商务隐喻研究"的特色栏目。在本栏目统摄下,共包含三篇论文,各具特色,充分展示出了隐喻在商务话语中的重要地位。

《多模态隐喻对观众行为意愿影响的实证研究——以湘西旅游宣传短视频为例》以湖南省湘西地区旅游宣传短视频中的多模态符号为研究对象,研制调查问卷进行相关性分析,探究了多模态隐喻的运用与行为意愿间的相关性,并基于分析对旅游宣传短视频制作提出了针对性建议。

《民族地区旅游宣传短视频中的多模态隐喻研究》通过创建小型旅游宣传短视频语料库,采用案例分析和文本分析等方法研究了湖南省湘西地区旅游宣传短视频中出现的多模态隐喻,发现旅游宣传短视频中的多模态隐喻具有矛盾性、文化性、重复性的特点,为民族地区旅游宣传短视频中多模态隐喻的创作提供了有价值的参考。

《政经类语篇中的隐喻模式认知及其翻译策略研究——基于语料库和隐喻识别步骤(MIP)》以《中国改革开放关键词》和《小康中国发展口述史》两本书及其英文译本为语料,探讨了政经类语篇中的隐喻模式认知及其翻译策略。

以上三篇文章以旅游宣传片或政经类语篇为研究对象,分别采用量化研究、语料库研究和 MIP 的研究方法,多维度地探究了商务话语中的隐喻特点以及隐喻的语用目的,这证明了隐喻的无处不在和强大解释力,希望能为未来的商务隐喻研究提供借鉴与参考。

孙 毅

教授,博士生导师,博士后合作导师,国家社科基金项目评审专家,广东外语外贸大学云山杰出学者,外国文学文化研究院研究员,《广东外语外贸大学学报》(CSSCI)主编。在 Metaphor and Symbol、Pragmatics and Society、Review of Cognitive Linguistics、Journal of Language and Politics 和《外国语》《现代外语》《中国外语》《上海翻译》等 SSCI、CSSCI 刊物上发表认知翻译学、认知叙事学、当代隐喻学、多模态话语分析等方向论文 100 余篇;主持国家社科基金项目 3 项、中国博士后科学基金、教育部人文社科项目等 10 余项;曾获第九届国家高等学校科学研究优秀成果奖(人文社会科学)二等奖、全省高校首批青年杰出人才、复旦大学优秀博士后等国家级、省部级奖项 10 余项。

多模态隐喻对观众行为意愿影响的实证研究
——以湘西旅游宣传短视频为例

肖利芳　叶佳怡　苏根英

（吉首大学外国语学院　湖南吉首　416000）

摘　要：近年来，旅游宣传短视频成为游客了解旅游目的地的重要途径。旅游短视频往往采用多模态隐喻来影响观众，但是多模态隐喻的使用是否对观众的旅游意愿产生实际影响还有待研究。本文以湖南省湘西地区旅游宣传短视频中的多模态符号为研究对象，研制调查问卷，进行相关性分析，探究多模态隐喻的运用与行为意愿间的相关性。研究结果表明，湘西旅游宣传短视频中的多模态隐喻运用能够激发观众对旅游目的地的兴趣，并在一定程度上对观众的行为意愿产生积极影响。基于分析，本文对旅游宣传短视频制作提出针对性建议。

关键词：旅游宣传短视频；多模态隐喻；实证研究

1. 引言

近年来，短视频用户规模持续增长，据中国互联网络信息中心（CNNIC）发布的第52次《中国互联网络发展状况统计报告》，截至2023年6月，我国网民规模达10.79亿人，互联网普及率达76.4%。其中短视频用户规模高达10.26亿，较2022年增长1 400万以上。由于短视频平台的强势发展和短视频本身生动的视觉效果、高度浓缩的信息传递和极强传播性的特点，短视频已成为旅游宣传中不可或缺的重要手段。

随着短视频的兴起，逐渐有学者对短视频中的多模态隐喻进行研究。研究主要聚焦在多模态隐喻的分析方法（冯德正 2011；华敏 2015；Pérez-Sobrino 2016）、概念隐喻的多模态互动（Urios-Aparisi 2009；王佳、黄乐平 2020），以及多模态隐喻的生成机制（赵秀凤、苏会艳 2010；张辉、展伟伟 2011；张晓敏 2019）等方面。关于短视频中的多模态隐喻对观众行为和意愿的影响，目前有学者从隐喻对受众影响的认知机制（Zaltman & Coulter 1995；Thibodeau & Boroditsky 2013）、多模态隐喻的模态互动对受众的影响（Urios-Aparisi 2009；宫梦如、谢竞贤 2021）及多模态隐喻框定作用的实证研究（Landau et al. 2009；Ang & Lim 2006；杨慧、冷雄辉 2018；禹杭 2020；Norscini & Daniela 2024）等方面进行了探索。从现有研究结果来看，

---

* 项目名称：本文获2023年度国家级大学生创新创业训练计划项目"基于符号互动理论的旅游短视频内容概念隐喻研究——以湘西地区为例"（编号 S202310531005）；2023年度湖南省大学生创新创业训练计划项目（湘教通〔2023〕237-2871）的资助。

逐渐有学者将多模态隐喻与短视频传播联系在一起,开始关注短视频中多模态隐喻的应用,但关于如何量化研究多模态隐喻的框定作用的相关文献依旧偏少。

在上述研究背景下,本文旨在探究旅游宣传短视频中的多模态隐喻对观众行为意愿的影响效应。本文提出两个研究问题:(1)观众对短视频中多模态隐喻的感知程度如何?(2)短视频中多模态隐喻对观众行为意愿产生了哪些具体影响?为回答上述问题,本文以湖南省湘西地区旅游宣传短视频为语料,提炼其中的多模态隐喻,研制调查问卷,进行相关性分析,探究多模态隐喻的运用与观众行为意愿间的相关性。

2. 多模态隐喻的框定作用与观众行为意愿

莱考夫和约翰逊的《我们赖以生存的隐喻》于1980年出版,标志着隐喻研究开始由客观主义传统转向认知主义。书中认为,概念隐喻是我们在理解和表达抽象概念时常使用的一种认知方式。概念隐喻通过将一个概念映射到另一个具体的、感官经验可感知的概念上,使得抽象的概念更易于理解。隐喻作为一种思维方式,体现在"包含语言在内的各种符号系统或模态之中"(张保培 2019:47)。模态可以细分为"图像符号、文字符号、口语符号、手势、声音、音乐、气味、味道、触觉"(Forceville & Urios-Aparisi 2009:22);而多模态则是一种通过多种感知或符号系统来理解和处理信息的方式。多模态隐喻为源域和目标域通过不同模态来体现的隐喻。例如,冯德正(2011)认为多模态隐喻理论是将概念隐喻理论应用于阐释视觉图像中的隐喻现象。

隐喻对受众的影响,可称为隐喻的"框定"(framing)作用(Fillmore 1975;Ritchie 2013;Semino et al. 2018)。Thibodeau 和 Boroditsky(2011)的研究表明,隐喻的框定作用可以影响人们对信息的理解和解释,进而影响他们的决策和行为。隐喻的影响是隐蔽、强烈的。隐喻所引发的潜在认知框架可能改变人们对问题的看法,甚至可能影响人们的理性思维过程。不同的隐喻会有不同的框定作用。观众的行为意愿(behavioral intention,缩称BI)是指个体打算采取某种行为的主观概率,通常表现为愿意参与的意愿程度(Armitage & Conner 2001)。短视频中的多模态隐喻通过文字、声音、图像等多种模态的互动帮助观众将抽象的概念转化为更具体、更易于理解的形式,让其理解该隐喻所传达的信息。多种模态互动传达的信息可能会促使观众产生不同的行为意愿,进而将行为意愿转化为具体行动。

目前,国内外已有学者就多模态隐喻对观众认知和决策的框定作用进行了研究。在多模态隐喻对受众影响的认知机制方面,Zaltman 和 Coulter(1995)通过分析消费者的隐喻反应来揭示消费者内心深处的情感和认知;Thibodeau 和 Boroditsky(2013)发现隐喻可以潜移默化地影响人们的认知方式,帮助他们理解抽象概念、建立联系、构建概念和形成决策。在多模态隐喻的模态互动对受众的影响方面,Urios-Aparisi(2009)发现多模态隐喻和转喻在广告中的使用可以增加广告对受众的吸引力;宫梦如、谢竞贤(2021)发现自媒体通过多模态隐喻互动表达态度的同时,在一定程度上影响受众的认知和行为。在多模态隐喻框定作用的实证研究方面,Landau 等(2009)研究了在重要话题领域,多模态隐喻可以与自我相关动机结合从而影响人们对政治和社会重要话题的态度;Ang 和 Lim(2006)、杨慧和冷雄辉(2018)以及禹杭(2020)从营销领域进行研究,发现隐喻式图片、广告会影响受众的认知和行为;Norscini 和 Daniela(2024)从教育学领域进行研究,并指出教育视频中的多模态隐喻对学习效果具有促进作用。

尽管如此,有关短视频中多模态隐喻的研究及多模态隐喻框定作用的定量研究仍较少,多数研究通常采用开放式的研究设计来探究现象背后的意义、观点和感受。本文在前人研究的基础上,通过量化分析,研究旅游宣传短视频中多模态隐喻的框定作用。

3. 多模态隐喻对观众行为意愿的影响

3.1 语料与多模态隐喻的识别

选取由湖南省湘西土家苗族自治州文化旅游广电局出品的湘西宣传短视频《神秘湘西》为研究语料。视频时长约 8 分钟,在抖音、快手以及 B 站等多个平台播出,传播度较高。为测量多模态隐喻对观众的影响效应,本文作者先对该视频中的多模态隐喻进行识别,并将多模态隐喻以文字的形式呈现在调查问卷中。

Forceville(2008:469)认为,"识别一个多模态隐喻必须满足三个条件:第一,给定它们出现的语境;第二,目标域和来源域能够被分别辨认出来,并诱使听读者从来源域到目标域映现一个或更多的特征;第三,这两个现象在两个以上的符号系统和感知模态中得到一定的提示。"本文作者共同对多模态隐喻进行识别。首先,分别观看视频,找到由两种以上不同模态表达的具有隐喻性的意象,提出各自观点;然后,共同商讨选取的意象其来源域与隐喻性的目标域间是否具有张力,判断来源域和目标域是否有在不同模态符号中被表征并消除分歧;最后,得出一致意见。

《神秘湘西》旅游宣传短视频通过视觉画面展示湘西的民俗活动(哭嫁歌、摆手舞及苗族鼓舞)、手工艺品(清漆牌匾、木窗雕花、巫傩面具)等,通过声音、图像和文字解说,共同传达出湘西文化的活力,呈现了"湘西是文化"这一隐喻;通过视觉上绚丽山水画面(老司城、高望界、沙科村梯田、司河码头、太平山),同时结合听觉上高昂的音乐让人联想到锦绣般的华丽风景,呈现了"湘西是锦绣的土地"这一隐喻;通过讲述湘西的落洞赶尸秘闻、毛古斯及巫傩面具,结合低沉的音乐和暗色基调,营造出一种神秘而引人入胜的氛围,塑造了"湘西是传奇"这一隐喻;通过对湘西历史和文化的深入解读,展现了当地许多特色建筑、历史古迹(凤凰古城、芙蓉镇、里耶古镇等),让观众感受到湘西就像一本打开的书,等待人们去阅读和探索,以文字模态为主,并辅以视觉模态展现了"湘西是线装读本"这一隐喻;通过结合听觉上欢快的音乐和雄浑高昂的男声旁白,视觉上朦胧的光影效果和不同的人物形象画面及文字模态中具有人类特征的表述(发出请柬、绝美笑颜),共同展现出多个"湘西是人"的隐喻。

从中我们可以提炼出以下多模态隐喻:"湘西是锦绣的土地""湘西是文化""湘西是传奇""湘西是线装读本"以及多个"湘西是人"的隐喻,如"湘西蓬勃向上,乐于进取""湘西戴着神秘面纱""湘西有绝美容颜""湘西发出请柬"。

3.2 调查问卷的设计与效度分析

为探究多模态隐喻对观众行为意愿的影响,本文将"多模态隐喻的存在或缺失""观众对多模态隐喻的感知程度"作为自变量,邀请调查对象观看视频,并结合问卷中提炼出的多模态隐喻,填写关于四种行为意图的意愿程度。随后让观众阅读一段基于短视频内容且不含声音、文字、图像等模态隐喻的文字,并要求受众以这段文字为基础填写对于四种行为意图的意愿程度。为研究多模态隐喻对观众行为意愿的影响,本文基于王胜源和王延强(2023)、乔桥(2023)、涂红伟等(2017)以及戴迎春等(2006)的研究,将观众行为意愿具化为"产生旅游意愿""探索和研究湘西地区意愿""参与互动和分享意愿""购买相关产品或服务意愿"四个因变量。

问卷主要分为三个部分:第一部分为观众基本信息;第二部分主要了解观众对多模态隐喻的感知程度;第三部分为观众行为意愿调查分析,主要调查多模态隐喻的存在或缺失对观众行为意愿的影响程度,采用李克特量表的形式。问卷内容参照附录。先对问卷进行小规模试测,检查问卷的可行性和易读性。并对测试者进行访谈,根据受访者对问卷的意见对问卷进行修改。通过使用统计软件 SPSS 27.0 中的 Cronbach alpha 系数,评估问卷项的内部一致性,对问卷进行信度分析。Cronbach alpha 系数介于 0.00 到 1.00 之间,系数越高,表示问卷项之间的相关性越强,可信度越高。一般认为可接受的信度系数不应低于 0.7。文章共收集了 33 份有效问卷进行内部一致性检验。经 SPSS 检验,本问卷的信度系数为 0.932(结果见表1)。系数较高,说明问卷具有较高的可信度。本问卷的 KMO 值为 0.625,大于 0.50 的最低要求值,Bartlett 球体检验也达到了显著性水平($p<0.05$)(结果见表2),说明本问卷具有良好的结构效度。

表1 问卷的信度分析结果

Cronbach's Alpha	项　　数
0.932	10

表2 问卷的效度分析结果

KMO	0.625
巴特球形值	527.645
p 值	—

正式测试通过问卷星平台向不同群体发放调查问卷,收集观众对湘西旅游宣传短视频的多模态隐喻感知和评价数据。共收回 120 份调查问卷,对收集的数据进行清洗,整理有效问卷,数据缺失任意一项的问卷视为无效问卷,有效率达 100%。

3.3 研究结果

3.3.1 观众对多模态隐喻的感知程度

雷达图是一种能够用定量指标较好地反映出定性问题的模型工具(付赟、方德英 2007)。对本问卷中的排序题进行雷达图分析可以直观地展示不同选项所代表的意象感知程度的强弱。本研究首先将问卷星系统自动计算的排序题选项平均得分数据整理成可以用于雷达图的格式,确保每个维度或项都有对应的数值,再将这些数据利用问卷星系统生成雷达图(见图1)。

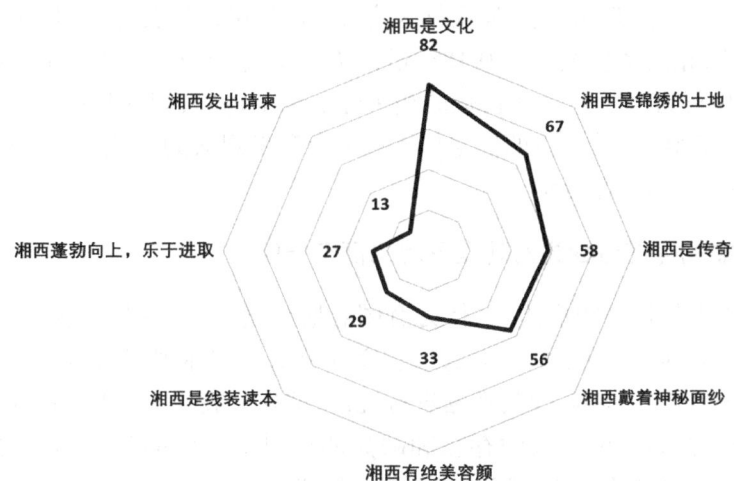

图 1　多模态隐喻感知强度雷达图

雷达图结果表明观众能够感知到所有的多模态隐喻,其中对意象"湘西是文化""湘西是传奇"和"湘西戴着神秘面纱"感知程度较高,对"湘西有绝美容颜""湘西是线装读本"等意象感知程度相对较低。观众觉得湘西是一个充满生机和文化活力的地方,湘西的神秘和传奇色彩是他们关注的重点。由此可见,观众对集中在湘西文化、美景和神秘色彩上的意象感知程度较高,而对一些与湘西关联度不强或不够突出的意象感知程度较低。

3.3.2　多模态隐喻和观众行为意愿的分析

多模态隐喻的存在对观众行为意愿的影响可以通过皮尔逊相关性分析得到,结果见表 3。皮尔逊相关系数用于衡量两个变量"多模态隐喻"与"观众行为意愿"之间的线性相关程度。该系数的取值范围在 -1 到 1 之间,数值越接近 1 表明正相关性越强,数值越接近 -1 表明负相关性越强,接近 0 表示两个变量间的相关性较弱或不存在线性关系。

表 3　多模态隐喻与观众行为意愿的相关性分析

因　　素	F1	F2	F3	F4	F5
F1 多模态隐喻存在	1				
F2 产生旅游意愿	.228*	1			
F3 探索和研究湘西地区意愿	.217*	.857*	1		
F4 参与互动和分享意愿	.228*	.792**	.791**	1	
F5 购买相关产品或服务意愿	.183*	.817**	.808**	.803**	1

注:**.在 0.01 级别(双尾),相关性显著。
　　*.在 0.05 级别(双尾),相关性显著。

如表3所示,"多模态隐喻"与"观众行为意愿"间存在正相关性,多模态隐喻的存在对四个变量都正相关,相关系数最低为0.183,最高为0.228。此外,四个变量之间的相关度均高于0.7,表明四种行为意愿间存在较强的相关性。综上可知,短视频中的多模态隐喻一旦唤起观众的任一行为意愿,其产生的框定作用可能会激发观众的其他意愿,进而整体上激发其行为意愿,最终转化为具体行动。

3.3.3 多模态隐喻的存在与缺失对观众意愿的框定作用

本问卷采用李克特量表的形式,对行为意图意愿程度的五种回答"很强烈""强烈""中等""弱""非常弱"分别记分为:5、4、3、2、1,态度的分值能够体现观众对相应行为意愿态度的强弱。随后用SPSS 27.0将收集的数据进行统计,结果见表4。一级指标为多模态隐喻的存在或缺失,二级指标为多模态隐喻存在和缺失的情况下对应的各行为意愿的影响程度。表格内具体数值为收集到的120份问卷中选择二级指标下相对应分数的人数。

表4 多模态隐喻对观众行为意愿影响程度统计

	观众行为意愿的程度	5	4	3	2	1
多模态隐喻存在	产生旅游意愿	47	38	33	2	0
	探索和研究湘西地区意愿	45	38	32	5	0
	参与互动和分享意愿	43	45	30	2	0
	购买相关产品或服务意愿	35	37	45	3	0
多模态隐喻缺失	产生旅游意愿	22	34	26	21	17
	探索和研究湘西地区意愿	21	35	25	21	18
	参与互动和分享意愿	23	28	27	26	16
	购买相关产品或服务意愿	24	24	30	22	20

如表4所示,在多模态隐喻存在的情况下,选择对四种行为意愿"非常弱"选项的人数均为0,选择"很弱"选项的人数均不超过5人。在将含有多模态隐喻的短视频替换为一段不含多模态隐喻的文字表述后,选择相应"非常弱"选项(行为意愿程度低)的人数至少增加了16个,选择相应"很强烈"的人数减少了11个以上。相比于含有多模态隐喻的意象,不含隐喻的表达不易激起观众的行为意愿。这一结果表明观众意愿受到了多模态隐喻缺失与否的影响。

为统计多模态隐喻的存在与缺失对观众意愿的框定是否具有统计学意义,在将原始数据初步统计之后,使用SPSS 27.0计算出各一级指标和二级指标的平均值(见表5),并对多模态隐喻的存在与缺失两组数据进行配对样本 t 检验(见表6)。

表5 多模态隐喻对观众行为意愿影响的各平均值

观众行为意愿程度		平均值	
多模态隐喻存在	产生旅游意愿	4.08	4.01
	探索和研究湘西地区意愿	4.03	
	参与互动和分享意愿	4.08	
	购买相关产品或服务意愿	3.86	
多模态隐喻缺失	产生旅游意愿	3.19	3.14
	探索和研究湘西地区意愿	3.17	
	参与互动和分享意愿	3.13	
	购买相关产品或服务意愿	3.08	

如表5所示，多模态隐喻的存在对意愿程度影响的相应平均值均高于多模态隐喻缺失情况下的相应平均值。在多模态隐喻存在的情况下，其对"产生旅游意愿""探索和研究湘西地区意愿"以及"参与互动和分享意愿"等二级指标的影响程度较大，而对"购买相关产品或服务意愿"的影响程度相对稍小。

表6 观众行为意愿程度多模态隐喻影响差异($n=120$)

	多模态隐喻缺失		多模态隐喻存在		MD	$t(119)$
	M	SD	M	SD		
观众行为意愿程度	3.14	1.30	4.01	.80	−0.87	6.324*

* $p<0.05$

配对样本t检验结果表示，多模态隐喻的存在或缺失对观众行为意愿程度有显著差异（$t=6.324^*$, $df=119$, $p<0.05$）。在对各指标平均值进行统计分析后发现，在湘西地区旅游短视频中，多模态隐喻与观众的行为意愿间存在显著相关性。尽管短视频中多模态隐喻的存在与否对观众行为意愿的影响程度不一，其对行为意愿影响的数据均具有统计学意义。

3.4 讨论

我们通过发放问卷的方式，利用雷达图呈现观众对短视频中多模态隐喻的感知程度；李克特量表测量短视频中多模态隐喻对观众行为意愿的影响，发现多模态隐喻能够框定观众的意愿。前人研究发现文字模态的概念隐喻对观众行为意愿有框定作用，本研究的结果表明，多模态隐喻对"产生旅游意愿""探索和研究湘西地区意愿"等旅游短视频观众的行为意愿同样产生框定作用,这拓展了关于概念隐喻的框定作用的研究视角。

旅游短视频中的多模态隐喻能对观众的旅游意愿产生积极影响。湘西地区旅游短视频中多模态隐喻与观众的行为意图之间存在正相关性,多模态隐喻的使用与"产生旅游意愿""探索和研究湘西地区意愿"和"参与互动和分享意愿"等变量的相关程度较强,这是因为短视频中使用了较多易被观众感知的蕴含湘西文化、美景和神秘色彩的隐喻意象,提高了观众对湘西地区的旅游兴趣。但是,旅游宣传短视频中的概念隐喻与"购买相关产品或服务意愿"变量的相关程度弱于其他变量,这与前人的研究结果——隐喻式广告或图片能促进消费者的购买意愿,如杨慧和冷雄辉(2018)、禹杭(2020)等有所不同。之所以出现这样的差异,原因可能是短视频内容较少涉及购买产品或服务方面的宣传,也可能是涉及产品和服务宣传的内容没有使用多模态隐喻,观众无法身临其境地感受产品和服务的品质,产生消费意愿。

运用视觉、声音等多种元素来增强信息的传递效果,灵活运用概念隐喻的表现形式,以满足观众的认知需求和短视频传播目的(张布帆 2020)。为提高短视频的宣传效果,建议短视频制作者在创作旅游宣传视频时,结合当地文旅特色,根据目标受众的特点,将文化、美景和神秘色彩巧妙融合,以提高观众对旅游地的兴趣,激发观众旅游意愿;同时,短视频制作者可通过设计易被观众感知的多模态隐喻,丰富短视频中品牌或产品的隐喻意义,形成观众心目中对该品牌或产品的特定印象。激发观众的认知和情感,提高观众对品牌或产品的认可度及产生消费意愿。

4. 结语

实证研究结果表明,旅游宣传短视频中多模态隐喻的运用与观众行为意愿之间存在正相关性。观众对于旅游宣传短视频中多模态隐喻的感知程度较高,多模态隐喻的存在能够增强观众对旅游目的地的兴趣,并对其行为意愿产生积极的促进作用。短视频制作者应当合理使用多模态隐喻和丰富符号价值意义,让观众身临其境地感受旅游目的地魅力,产生情感共鸣,进而激发其旅游意愿,促进当地旅游业发展。本实证研究调查样本的容量较小,只关注了多模态隐喻对观众短期行为意愿的影响,未涉及对长期影响或持续行为的研究;下一步将研究旅游宣传短视频中的多模态隐喻对观众行为意愿的长期影响。

参考文献:

[1] ANG S H, LIM E A C. The influence of metaphors and product type on brand personality perceptions and attitudes [J]. Journal of Advertising, 2006, 35(2): 39-53.
[2] ARMITAGE C J, CONNER M. Efficacy of the theory of planned behaviour: A meta-analytic review[J]. British Journal of Social Psychology, 2001, 40(4): 471-499.
[3] FILLMORE C J. An Alternative to Checklist Theories of Meaning[C]//CATHY C. Annual Meeting of the Berkeley Linguistics Society. Online: eLanguage, 1975: 123-131.
[4] FORCEVILLE C J, URIOS-APARISI E. Multimodal Metaphor[M]. Berlin: Mouton de Gruyter, 2009.
[5] FORCEVILLE C J. Metaphors in pictures and multimodal representations[M]//GIBBS Jr R W. The Cambridge Handbook of Metaphor and Thought. Cambridge: Cambridge University Press, 2008: 462-482.

[6] LAKOFF G, JOHNSON M. Metaphors We Live By[M]. Chicago：University of Chicago Press, 1980/2008.
[7] LANDAU M J, SULLIVAN D, GREENBERG J. Evidence that self-relevant motives and metaphoric framing interact to influence political and social attitudes[J]. Psychological Science, 2009, 20(11)：1421-1427.
[8] NORSCINI M, DANIELA L. Metaphors in Educational Videos[J]. Education Sciences, 2024, 14(2)：177.
[9] PÉREZ-SOBRINO P. Multimodal metaphor and metonymy in advertising：A corpus-based account[J]. Metaphor and Symbol, 2016, 31(2)：73-90.
[10] RITCHIE L D. Metaphor[M]. Cambridge：Cambridge University Press, 2013.
[11] SEMINO E, DENJÉN Z, DEMMEN J. An integrated approach to metaphor and framing in cognition, discourse, and practice, with an application to metaphors for cancer[J]. Applied Linguistics, 2018, 39(5)：625-645.
[12] THIBODEAU P H, BORODITSKY L. Metaphors we think with：The role of metaphor in reasoning[J]. PloSone, 2011, 6(2)：e16782.
[13] THIBODEAU P H, BORODITSKY L. Natural language metaphors covertly influence reasoning[J]. PloSone, 2013, 8(1)：e52961.
[14] URIOS-APARISI E. Interaction of multimodal metaphor and metonymy in TV commercials：Four case studies[J]. Multimodal Metaphor, 2009, (11)：95-116.
[15] ZALTMAN G, COULTER R H. Seeing the voice of the customer：Metaphor-based advertising research[J]. Journal of Advertising Research, 1995, 35(4)：35-51.
[16] 戴迎春,朱彬,应瑞瑶.消费者对食品安全的选择意愿——以南京市有机蔬菜消费行为为例[J].南京农业大学学报(社会科学版),2006,(01)：47-52.
[17] 冯德正.多模态隐喻的构建与分类——系统功能视角[J].外语研究,2011,(01)：24-29.
[18] 付赟,方德英.雷达图法在综合评价中的应用研究[J].统计与决策,2007,(24)：176-178.
[19] 宫梦如,谢竞贤.多模态隐喻视域下媒介话语的认知分析——以美妆营销类自媒体为例[J].新闻知识,2021,(01)：21-26.
[20] 华敏.视频广告中多模态的隐喻认知建构——以香奈儿可可小姐香水广告为例[J].武汉纺织大学学报,2015,28(01)：62-64.
[21] 乔桥.电商情境下消费者对智能客服的利用意愿和探索意愿的影响因素研究[D].南京财经大学,2023.
[22] 涂红伟,熊琳英,黄逸敏等.目的地形象对游客行为意愿的影响——基于情绪评价理论[J].旅游学刊,2017,32(02)：32-41.
[23] 王佳,黄乐平.网络视频广告中多模态隐喻认知研究——以农夫山泉鼠年广告为例[J].宿州教育学院学报,2020,23(03)：117-121.
[24] 王胜源,王延强.基于SOR理论的文旅短视频宣传对用户冲动性旅游意愿的影响研究[J].新媒体研究,2023,9(21)：43-46.
[25] 杨慧,冷雄辉.网上隐喻式产品图片展示触觉补偿效应的实证研究[J].当代财经,2018,(11)：78-87.
[26] 殷融,苏得权,叶浩生.具身认知视角下的概念隐喻理论[J].心理科学进展,2013,21(02)：220-234.
[27] 禹杭.隐喻广告效果研究[D].对外经济贸易大学,2020.
[28] 张保培.央视"一带一路"公益广告《共创繁荣》的多模态隐喻及互文性分析[J].商务英语教学与研究,2019,(00)：47-54.
[29] 张布帆."三农"短视频的内容营销策略研究[J].中国广播电视学刊,2020,(06)：119-121.
[30] 张辉,展伟伟.广告语篇中多模态转喻与隐喻的动态构建[J].外语研究,2011,(01)：16-23.

[31] 张晓敏. 短视频生态链的视觉隐喻——以快手平台4位"幸福乡村带头人"为例[J]. 东南传播,2019,(08):17-20.
[32] 赵秀凤,苏会艳. 多模态隐喻性语篇意义的认知构建——多模态转喻和隐喻互动下的整合[J]. 北京科技大学学报(社会科学版),2010,26(04):18-24+30.
[33] 中国互联网络信息中心发布第52次《中国互联网络发展状况统计报告》[J]. 国家图书馆学刊,2023,32(05):13.

An Empirical Study of the Influence of Multimodal Metaphors on Viewers' Behavioral Intentions
— A Case Study of a Short Tourism Promotional Video of Xiangxi

XIAO Lifang   YE Jiayi   SU Genying

(School of Foreign Languages, Jishou University, Jishou 41600)

Abstract: In recent years, short promotional videos have become an important tool for tourists to learn about travel destinations. Short videos for tourism promotion often employ multimodal metaphors to influence audiences, but the actual impact of using multimodal metaphors on tourists' travel intentions remains to be studied. This article focuses on the multimodal symbols in a short tourism promotional video of the Xiangxi region of Hunan Province, China. In order to explore the correlation between the use of multimodal metaphors and the viewers' behavioral intentions, we have developed a questionnaire and conducted correlational analysis. The results indicate that the use of multimodal metaphors in Xiangxi tourism promotional videos can stimulate viewers' interest in the tourist destination and positively influence their behavioral intentions to a certain extent. Based on the analysis, targeted recommendations are provided for the production of tourism promotional videos.

Key words: short tourism promotional video; multimodal metaphor; empirical study

民族地区旅游宣传短视频中的多模态隐喻研究

郑灵芝　陈雅瑶　符　韵　刘泽海

（吉首大学外国语学院　吉首大学国别与区域营商环境研究所　湖南吉首　416000）

摘　要：近年来，短视频逐渐成为宣传旅游资源的重要途径，在旅游宣传短视频中使用多模态隐喻，能帮助游客快速、直观地了解旅游目的地。本文作者通过创建小型旅游宣传短视频语料库，采用案例分析和文本分析等方法，研究湖南省湘西地区旅游宣传短视频中出现的多模态隐喻，如"湘西是温柔女人""湘西是强劲男人"和"暗色是神秘"等，并对这些隐喻进行剖析，总结出旅游宣传短视频中的多模态隐喻具有矛盾性、文化性、重复性的特点，以期为民族地区旅游宣传短视频中多模态隐喻的创作提供有价值的参考。

关键词：旅游宣传；短视频；多模态隐喻

1. 引言

全媒体时代下，社交媒体朝着多模态的趋势发展，短视频的影响力日益扩大。根据中国网络视听节目服务协会（CNSA）发布的《2019中国网络视听发展研究报告》，早在2018年我国短视频行业市场规模已经高达467.1亿元。《2023中国网络视听发展研究报告》显示，2023年我国短视频用户规模高达10.12亿，并且正在向各类网民群体渗透。短视频行业的迅猛发展为各地的旅游宣传带来机遇的同时也带来了全新的挑战。

湖南省湘西土家族苗族自治州位于武陵山地区腹地，拥有大量得天独厚的人文生态和自然生态旅游资源，世界文化遗产湖南永顺土司城、凤凰古城、秦里耶古城遗址、芙蓉镇、德夯大峡谷、白马寨古村等丰厚的自然和人文景观坐落于此。湘西地区聚居着大量土家、苗、瑶、侗、白等少数民族，拥有独特的民族文化、风情和习俗。

近年来，短视频宣传助力旅游业发展成为新趋势，短视频平台的发展为城市的旅游宣传提供了新窗口，旅游宣传短视频成为游客了解旅游目的地的重要途径。本研究聚焦湘西地区旅游宣传短视频中的多模态隐喻，总结出这些隐喻的共性，以期为后续旅游宣传短视频的设计和制作带来启发。

---

* 项目名称：本文获2023年度国家级大学生创新创业训练计划项目"基于符号互动理论的旅游短视频内容概念隐喻研究——以湘西地区为例"（编号S202310531005）；2023年度湖南省大学生创新创业训练计划项目（湘教通〔2023〕237-2871）的资助。

2. 多模态隐喻

2.1 多模态隐喻定义

Forceville 和 Urios-Aparisi(2009:22)将模态细分为"图像符号、文字符号、口语符号、手势、声音、音乐、气味、味道、触觉"。多模态则是通过结合多种感知或符号系统来理解和处理信息的方式。

多模态隐喻为源域和目标域通过不同模态来体现的隐喻,可以看作是概念隐喻的拓展和延伸。与传统的单模态文字隐喻不同的是,多模态隐喻的目标域和源域由不同的模态呈现,突破了概念隐喻在语言文字方面的限制(宫梦如、谢竞贤 2021)。因此,多模态隐喻更加生动、直观、易于理解,更能够直观地呈现出隐喻背后的含义。相比传统纸媒宣传方式,短视频融合多种模态,能传达出更加丰富的内涵,是实施多模态隐喻的重要载体。

2.2 社交媒体中的多模态隐喻研究

国内外学者对社交媒体中的多模态隐喻进行了大量的研究。多模态隐喻的研究始于图像模态的隐喻。Forceville(1996)首次从视觉层面上探讨广告中的图片隐喻,打破了传统隐喻理论只关注语言的局限,提出了多模态隐喻理论。以社交媒体中的广告为例,Forceville(2006)认为在广告创意中,图像和多模态隐喻是两种重要的表达手法。Pérez-Sobrino(2016)创建语料库,研究广告中的多模态隐转喻。在国内的研究中,王雨童(2023)通过对 50 幅海报进行多模态隐喻的解读和梳理,发现电影海报中多模态隐喻的模态配置整体具有图像主导性。方敏(2022)分析了央视网公益频道的 45 则平面公益广告,发现杂合隐喻和文字图像隐喻是该系列广告的主要表征类型,图像模态在源域及目标域中占比较大。张保培(2019)通过分析央视公益广告《共创繁荣》中的多模态隐喻,揭示了广告中蕴含的文化内涵和主题意义。胡芳、刘诗萌(2018)基于环保公益广告中的多模态隐喻,探讨了如何通过不同的符号系统(如语言符号系统、图像符号系统等)传达环保理念和倡导绿色生活。

除图像模态之外,Forceville 和 Urios-Aparisi(2009)将隐喻从语言隐喻、视觉隐喻扩展到声音隐喻等更大的范畴。许多学者从图像、声音、音乐等不同模态出发,研究多模态隐喻。Müller 和 Cienki(2009)研究了口语交际中的话语、手势等多模态隐喻。Urios-Aparisi(2009)研究发现多模态隐喻和转喻在广告中的使用可以增加广告对受众的吸引力。Jahameh 和 Zibin(2023)比较了美国和约旦用户在脸书(Facebook)上的表情包中的多模态隐喻,发现一些多模态隐喻通过文化过滤,产生特定文化的隐喻。Riaz(2019)探讨了社交媒体中的多模态隐喻对消费者购买行为的影响,其模态涉及文本描述、图片以及视频,研究发现多模态复合的视频是影响购买决策最重要的因素。

综上所述,社交媒体广泛使用多模态隐喻,同时多模态隐喻能潜在地影响观众的行为意愿(Thibodeau & Boroditsky 2013)。当前多模态隐喻研究多集中于图像模态,较少研究视频中的多模态隐喻,且较少研究影响多模态隐喻的文化因素。本研究通过搭建小型旅游宣传短视频素材库,识别其中的多模态隐喻,并分析和总结出这些多模态隐喻的共性。

3. 湘西旅游宣传短视频中的多模态隐喻

3.1 研究设计：语料与多模态隐喻识别程序

在中国主流短视频抖音中搜索"湘西旅游宣传短视频"后，根据平台推送的相关视频，选取截至 2023 年 11 月 11 日综合排名前十，同时时长在 1—5 分钟以内的 30 个短视频作为分析语料库。

Pragglejaz Group（2007）提出隐喻识别程序（MIP）。MIP 隐喻识别程序被广泛运用于自然语言处理和各种文字的隐喻识别当中。在此基础上，Lorena Bort-Mir 于 2019 年提出了电影隐喻识别程序（Filmic Metaphor Identification Procedure，简称 FILMIP），其分析阶段及具体识别步骤如下（见图 1、图 2）：

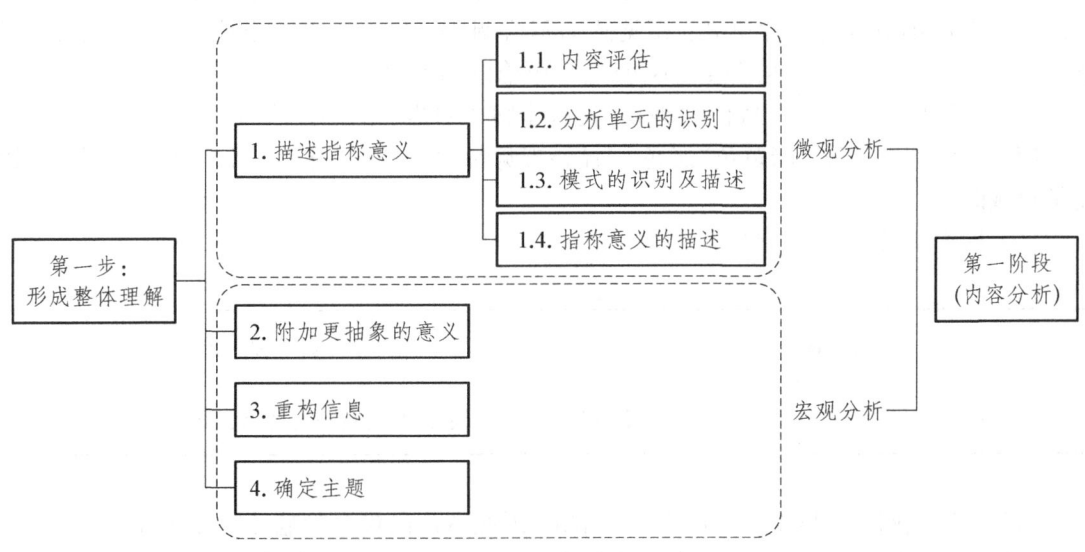

图 1　FILMIP 识别过程第一阶段

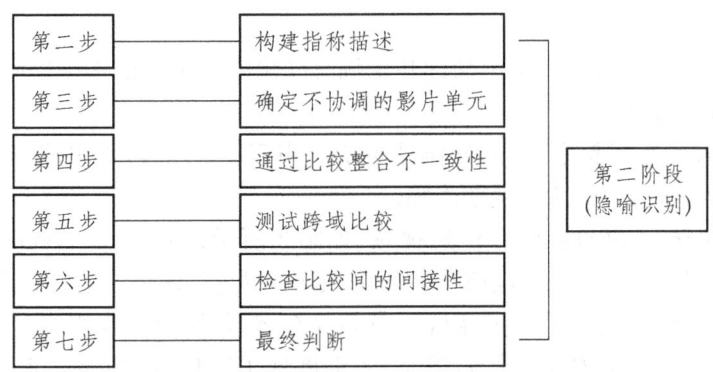

图 2　FILMIP 识别过程第二阶段

由于本文语料库中视频均为湘西地区旅游宣传类短视频,主题均为宣传湘西旅游资源,因此相较FILMIP,本文步骤的第二阶段与之相同,但第一阶段内容稍有修改:数次观看宣传视频直至形成整体理解——包括主题把握及各片段具体的宣传对象(如《神秘湘西》(*Shine She*)以旁白为线索分别宣传了湘西的美景、美食、人文及现在发展等方面),以便于下述隐喻识别过程中目标域及源域的选取。以《异世湘西》中00:28—00:38片段为例展示具体分析步骤:

第一阶段:内容分析

(1)形成整体理解:主题为宣传湘西文化,具体的宣传对象为展示神秘的湘西人文文化。

第二阶段:隐喻识别

(2)构建指称描述:身着暗黄色草编服饰的人在密林里唱跳着奇怪的歌舞。
[人物(人/身着暗黄色草编服饰的)动作(跳唱)物体(歌舞/神秘的)场景(森林/茂密的)]

(3)确定不协调的影片单元:视觉感知不协调——暗黄色表示土地、原始、农业,与同场景的怪异歌舞等带来的迷茫感知不协调;无语篇感知不协调。

(4)通过比较整合不一致性:"神秘"拥有步骤3中描述的感知体验。

(5)测试跨域比较:暗黄色"彩色>颜色>视觉特性";神秘"茫然>困惑>认知状态"。因此是跨域的。

(6)检查比较间的间接性:

暗 黄 色	神 秘 感
土地、原始、农业的视觉感知:未知的联想体验	迷茫、困惑的视觉感知:未知的联想体验

(7)最终判断:步骤4、5、6均为积极结果,因此本片段包含隐喻性影片成分。

参照上述步骤,本文对语料库中的视频内容进行逐一解读,并精准识别其中的多模态隐喻。在此基础上,经过深度提炼与归纳,本文最终概括出六项主题隐喻。

3.2 研究结果

在所创建的语料库中,通过文本细读共挖掘总结出六项突出的多模态隐喻。

(1)[湘西是温柔女人]

在众多湘西宣传短视频中,大部分作品主要以声音模态为主,以视觉与语言模态为辅,共同呈现[湘西是温柔女人]这一主题隐喻。

《神秘湘西》(*Shine She*)旅游宣传短视频,如图3所示,巧妙地将"Shine She"与"湘西"相结合,运用双关的修辞手法点出隐喻[湘西是温柔女人]。此外,全片以甜美女声为旁白,且画面多次出现了不同女性形象,如年轻的苗族少女、炒茶的土家族奶奶等。宣传短视频主要使用声音模态,同时结合视觉与语言模态,生动展现了隐喻[湘西是温柔女人]。《神秘湘西》旅游宣传短视频,开篇字幕采用第三人称"她",紧接着描述"她"为"湘西文化的胎记脉

图3 《神秘湘西 Shine She》——部分画面场景

动"。同时视频融入女声演唱的湘西民谣作为背景音乐,这里以语言模态配合声音模态,共同呈现出[湘西是温柔女人]这一隐喻。

(2) [湘西是强劲男人]

湘西这座城市,既展现出女性般的温柔与婉约,又彰显出男性般的坚韧与刚毅。湘西旅游宣传短视频主要以声音模态为主,同时结合视觉与语言模态,呈现了隐喻[湘西是强劲男人]。

湘西地坐落于武陵山脉,群山怀抱,山山相连,延绵不断。因此,人们常选用山作为湘西的象征。此外,在中国文化中,男性常常被比喻为"山"。李思艺(2015:114)提到,"山的意象特点包括:坚硬、高俊、雄壮、巍峨、深沉,这样的意象让人很容易联想到人类中的男人——坚强、高大、强壮、威严、沉默寡言。"《异世湘西》旅游宣传短视频,以旁白"群山之巅,他奋力地击打鼓面,问遂古之初谁传道之"作为开头,同时画面中出现了以吕洞山为代表的巍峨高山。同时创作者在此选用激昂澎湃的男声作为画外音,以声音模态为主,配合视觉模态及语言模态,巧妙地传达出[湘西是强劲男人]这一隐喻。

(3) [暗色是神秘]

在对亮度的感觉上,人类通常将高饱和度和轻松、愉快、兴奋、活力等感觉联系在一起,而将低饱和度和焦虑、未知、危险、神秘等感觉相关联。在湘西旅游宣传短视频中,大部分主要以颜色模态为主,同时配合其他模态共同突显了湘西地区的神秘色彩,强调了[暗色是神秘]这一主题隐喻。

《神秘湘西 Shine She》中的隐喻紧紧围绕视频标题"神秘"二字。如图 4 所示,画面里是一位身穿深红色大袍的巫师在昏暗的房间里,围着蜡烛和香火摇头晃脑,嘴里振振有词地念着古老的咒语。此处采用了灰色、黑色、暗红色等暗基调,并配合着低沉的呢喃声,运用视觉和声音模态来表现[暗色是神秘]这一主题隐喻。

图 4 《神秘湘西 Shine She》——湘西巫师表演巫术画面场景

《异世湘西》中,旁白语言"密林深处他们做着奇怪的动作,仿佛在召唤不可描述的存在"点出"神秘"主题,搭配湘西少数民族跳毛古斯舞蹈的画面,此段视频的色彩为低饱和度的暗黄色调。"黄"最早就是用来指代土地的颜色。许慎在《说文解字》(1963:291)中提道:"黄,地之色也。"土地与农耕是紧密相连的,暗黄色调展现的毛古斯舞意图传递给观众原始、古老的感受。此处视频运用语言、颜色和声音模态的搭配应用传递出毛古斯这一艺术的历史悠久性和神秘感,暗示着湘西文明的神秘。

(4) [亮色是希望]

除[暗色是神秘]的隐喻之外,湘西旅游短视频也以高饱和度明亮色调的颜色为主突显[亮色是希望]这一主题隐喻。

《神秘湘西》中创作者航拍了大片翠绿色的茶园、惹巴拉蔚蓝的天空以及金黄色的田野。这里创作者采用高饱和度、明亮的色系,而这些明亮的色系作为主要色彩分别象征了湘西的天空湛蓝如洗、湘西的秋天硕果累累,暗示着湘西自然景观优美,未来的发展充满希望。

《这里是湘西》画面中首先出现的是湘西十八洞村历经沧桑的瓦片木房。随后,画面转换至灯火璀璨、车流如织的湘西高新区与凤凰古城。这里创作者巧妙地将高饱和度的明亮灯光,与前一幅画面中古朴的瓦片木房形成鲜明对比,展示湘西地区发生的巨大变化。同时这里的音乐变得激昂澎湃,颜色模态与声音模态相配合点出了主题隐喻[亮色是希望]。

(5) [湘西是历史]

在大多数城市宣传片中,人文景观如名胜古迹、特色建筑等的出现通常发挥着至关重要的作用,能够彰显城市深厚的历史文化底蕴。湘西旅游宣传短视频中出现了当地许多特色建筑、历史古迹,以视觉模态为主展现了[湘西是历史]这一隐喻。

《神秘湘西》频繁交错地展现了凤凰古城、芙蓉镇、里耶古镇、白马寨古村等古建筑,如图5所示。这些古建筑是湘西历史的见证,更是文化的载体。视频以文物建筑作为源域映射湘西本土的独特民族文化,通过视觉模态暗示湘西拥有着深厚的历史底蕴和丰富的文化遗产。

图5 《神秘湘西》——部分古建筑画面

《目的地——湘西》随着画外音"当尘封了两千多年的里耶秦简重现人间,在举世瞩目的发现中是击瓮叩缶的铿锵,是长河东逝浮沉千年的喟叹"响起时,画面里出现了耶古城遗址、里耶秦简和老司城遗址。同时创作者搭配了古朴典雅的箫声作为背景音乐,通过视觉、听觉与语言模态的配合,共同展现了[湘西是历史]这一隐喻。

(6)[湘西是未来]

在展现湘西的历史之外,湘西旅游宣传短视频中出现了大量湘西现代化都市景观,以视觉模态为主,在语言和声音等模态的作用下共同构建了主题隐喻[湘西是未来]。

《神秘湘西等你来》中,如图6所示,旁白多次出现"如今的湘西是山门大开,联通时代脉搏的新湘西""湘西是优势产业蓬勃兴起,发展潜能加快释放的新湘西""新时代,新优势,新湘西"等表述,同时画面中多次出现高铁、湘西机场,高速枢纽等现代交通设施,以视觉模态为主,结合激昂磅礴的背景音乐,在语言、视觉、声音等模态的作用下共同构建了隐喻[湘西是未来]。

《回湘过年,畅游家乡》系列第七集刻画了矮寨大桥、湘西高新区等现代建筑景观,以现

图 6 《神秘湘西等你来》——"新湘西"画面场景

代建筑作为源域映射湘西现代化外貌,通过视觉模态的应用暗示湘西正在逐渐跟上时代步伐,积极推进现代化建设。再例如视频中提到"矮寨大桥成为连接历史、现在和未来的大桥,奋力书写矮寨不矮,时代标高"这种表述进一步突出了[湘西是未来]这一隐喻。

3.3 讨论

通过上述分析发现,多模态隐喻在湘西地区的旅游短视频中展现出矛盾性、文化性和重复性三大特征。

(1) 矛盾性

创作者通常会围绕目标概念,或者针对目标概念进行多模态隐喻的应用,因此目标概念往往会根据作者意图,通过多模态应用呈现出多样的、甚至矛盾的认知体验(Stibbe 2013)。如在《神秘湘西》这一宣传片中,湘西这座城在多模态隐喻的表现下,既具有女性特征又具有男性特征,既是神秘的又是充满希望的,既是历史的又是未来的等等。湘西,即目标概念,在创作者的有意控制下呈现出特定的表达效果——孕育出文化(女性)/风景壮阔气势磅礴(男性);具有独特的、鲜为人知的民族文化(神秘)/文化蕴含着积极向上的精神内涵(希望);拥有悠久历史及其传承性(历史)/积极推进现代化建设不断向前发展(未来)。这种看似互相矛盾实则统一和谐的特征表达满足了创作者的表达需求,较为完整地塑造了立体的城市形象,因此常见于城市宣传中。陈柳钦(2011:62)认为,"城市形象是一座城市内在历史底蕴和外在特征的综合表现,是城市总体的特征和风格。"由此可见,"既历史又未来"这一内涵,尤其适用于各城市的形象塑造及其宣传。在旅游宣传视频中,多模态隐喻的矛盾性使得目标概念被赋予丰富的表现形象,能够满足广大受众的体验需求,从而吸引更多消费者。

(2) **文化性**

基于多模态隐喻的运作机制,源域和目标域需要在某一方面或者某些方面具有相似性,才能在认知层面被建立联系,即在人们具有同种文化共识的基础下,多模态隐喻才有实践成功的可能,否则多模态隐喻的应用就可能会造成误解——源概念无法被识别或者会引发不必要的情绪/不同理解(Forceville 2017)。隐喻作为一种认知方式,体现了人类共性;而作为一种文化现象,则具有鲜明的民族性(王瑞昀等 2010)。在本文所选取的《神秘湘西》等宣传片中,多模态隐喻的文化性集中体现在对少数民族文化的表达中。首先,片中的环境烘托极富民族气息——苗族服饰、苗歌、巫师等;其次,片中的目标概念大多极具少数民族特色——苗鼓声、酉水号子、文物建筑等。在提取出的"暗色是神秘"这一隐喻中,创作者选取的意象组成之一为"身着深红色大袍的巫师",搭配灰黑色调营造出神秘莫测的观感。湘西文化是楚巫文化的活化石(郑英杰 2002),包括"巫师"在内的巫文化对于湘西文明有着深远影响,这也解释了为何创作者选择该意象而非其他象征"神秘"的意象帮助构建隐喻。对于"巫师"这一意象,不同文化、同一文化的不同时期对其看法都有不同。谭桂林(2000)指出,中世纪以来,女巫在西方被看作恶魔撒旦的信徒,会散播邪气和灾殃;在中国汉代时,巫与蛊并提就被怀疑成灾祸之源;到了 20 世纪,湖南寻根型作家笔下的巫师形象大都被定位为一种受到尊敬的肯定性人物。在此认知差异下,创作者意图传达的神秘感可能被误解为贬义的邪恶之意。由此可见,多模态隐喻文化性的特质,要求创作者在选取目标概念、源概念甚至映射域时关注到文化差异,更为有效地创作隐喻。

(3) **重复性**

一般来说,城市宣传类视频会选取具有代表性的城市元素来进行创作表现(刘庶 2011),以达到其宣传目的。在隐喻领域主要体现为:创作者会围绕某一隐喻创作一组隐喻应用,并让它们互相配合、相继出现,在观众的认知中塑造一个统一的形象,同时加深其在观众认知中的印象。Forceville(2006)指出,大量无休止地重复和再现的图像(如名画、照片、电影镜头、旗帜、标志、动画人物等)以一种陈词滥调、速记的方式唤起特定的现象和事件,并在社会中广为流传,因此可以说这些图像具有概念地位。前文提到的矛盾性强调目标域在创作者有意操作下所呈现出的各种形象存在矛盾的特点,而此处的重复性则强调创作者会围绕某一基础隐喻,借助多个相似的多模态隐喻为目标域塑造一个固定形象,此时这些隐喻的运用具有重复性。如在《神秘湘西》宣传片中,创作者借助视觉、听觉、色彩等模态的组合应用,通过"巫师是神秘的""毛古斯是神秘的"等多个隐喻的反复作用,在观众心中构建"湘西是神秘的"这一概念隐喻;通过"古建筑是历史的""遗址是历史的"等的反复出现,构建"湘西是历史的"的概念隐喻等。基于城市宣传视频的特点,及在视频中出现的多模态隐喻所展现的重复性,创作者需要有意识地选取多个类似的隐喻帮助构建所期望的隐喻,塑造城市形象以有效达到宣传目的。

4. 结语

多模态隐喻通过影响观众的认知帮助构建城市形象,而短视频则能够以一种更加直观、鲜明的方式传递城市形象,激发观众的旅游兴趣,有效地宣传旅游资源。在完成隐喻识别后,本文作者在所创建的语料库中提取出六种隐喻,这些隐喻由不同的多模态隐喻组合协同呈现,一定程度上反映出湘西旅游宣传视频中创作者使用隐喻的共性。在此基础上挖掘出相关宣传视频中的多模态隐喻可能具备的矛盾性、文化性及重复性三种特性。由此可见,创作者在将多模态隐喻应用于宣传视频时,除了解隐喻的运作机制之外,还应理解把握住这些特性,从而提高短视频宣传的有效性。此外,尽管有关多模态隐喻的研究已具规模,但其在短视频中应用的研究较少,如多模态隐喻如何在旅游宣传短视频高效实践等,仍有待进一步探究。

参考文献:

[1] BORT-MIR L. Developing, applying and testing FILMIP[D]. Castelló: Universitat Jaume Ⅰ, 2019.

[2] FORCEVILLE C J. Pictorial Metaphor in Advertising[M]. London: Routledge, 1996.

[3] FORCEVILLE C J. & URIOS-APARISI, E. Multimodal Metaphor[M]. Berlin: Mouton de Gruyter, 2009.

[4] FORCEVILLE C J. Non-verbal and multimodal metaphor in a cognitivist framework: Agendas for research[J]. Cognitive Linguistics Current Applications & Future Perspectives, 2006(1): 372-402.

[5] FORCEVILLE C J. Visual and multimodal metaphor in advertising: Cultural perspectives[J]. Styles of Communication, 2017, 9(2): 26-41.

[6] JAHAMEH H, ZIBIN A. The use of monomodal and multimodal metaphors in advertising Jordanian and American food products on Facebook: A comparative study[J]. Heliyon, 2023, 9(5): e15178.

[7] MÜLLER C, CIENKI A. Words, gestures, and beyond: Forms of multimodal metaphor in the use of spoken language[J]. Multimodal Metaphor, 2009, 297-328.

[8] PÉREZ-SOBRINO P. Multimodal metaphor and metonymy in advertising: A corpus-based account[J]. Metaphor and Symbol, 2016, 31(2): 73-90.

[9] PRAGGLEGAZ GROUP. MIP: A method for identifying metaphorically used words in discourse[J]. Metaphor and Symbol, 2007(1): 3-23.

[10] RIAZ N. The effect of multimodal metaphors on social media platforms & impact on consumer purchase decisions[D]. University of West London, 2019.

[11] STIBBE A. The corporation as person and psychopath: Multimodal metaphor, rhetoric and resistance[J]. CADADD Journal, 2013, 6(2): 112-136.

[12] THIBODEAU P H, BORODITSKY L. Natural language metaphors covertly influence reasoning[J]. PloSone, 2013, 8(1): e52961.

[13] URIOS-APARISI E. Interaction of multimodal metaphor and metonymy in TV commercials: Four case studies[J]. Multimodal Metaphor, 2009(11): 95-116.

[14] 陈柳钦. 城市形象的内涵、定位及其有效传播[J]. 湖南城市学院学报, 2011, 32(01): 62-66.

[15] 方敏. "健康文明上网"系列平面公益广告的图像隐喻与多模态隐喻研究[J]. 江苏外语教学研究, 2022, (01): 56-60.

[16] 宫梦如,谢竞贤. 多模态隐喻视域下媒介话语的认知分析——以美妆营销类自媒体为例[J]. 新闻知识,2021,(01):21-26.
[17] 胡芳,刘诗萌. 环保公益广告中的多模态隐喻表征类型研究——以保护水资源公益广告为例[J]. 山东外语教学,2018,(1):34-45.
[18] 李思艺. 汉语"山"的概念隐喻及其文化特征[J]. 湖南科技大学学报,2015,18(02):113-116.
[19] 刘庶. 中国城市宣传片的创意与传播研究[D]. 济南:山东师范大学,2011.
[20] 谭桂林. 楚巫文化与20世纪湖南文学[J]. 理论与创作,2000(03):20-26.
[21] 王瑞昀,白雪,胡晓俊. 跨文化商务隐喻的认知解析[J]. 商务英语教学与研究,2010,(02):104-109.
[22] 王雨童. TOP50豆瓣电影海报的多模态隐喻研究[D]. 桂林:广西师范大学,2023.
[23] 许慎. 说文解字[M]. 北京:中华书局,1963:291.
[24] 张保培. 央视"一带一路"公益广告《共创繁荣》的多模态隐喻及互文性分析[J]. 商务英语教学与研究,2019,(06):47-54.
[25] 郑英杰. 湘西文化是研究楚巫文化的活化石[J]. 中央民族大学学报,2002,(01):83-87.

A Study of Multimodal Metaphors in Short Videos for Tourism Promotion in Ethnic Areas

ZHENG Lingzhi   CHEN Yayao   FU Yun   LIU Zehai

(School of Foreign Language, Jishou University; Institute of International and Area Business Environment, Jishou University, Jishou 41600)

Abstract: In recent years, short videos have gradually become an important means of promoting tourism resources, and the use of multimodal metaphors in tourism promotional short videos can help tourists quickly understand the tourist destinations. We have created a small database of short videos to explore the multimodal metaphors present in the short tourism promotional videos of Xiangxi Region, Hunan Province, China. We have identified multimodal metaphors such as "XIANGXI IS A TENDER WOMAN", "XIANGXI IS A STRONG MAN", and "DARK COLORS ARE MYSTERY", etc. These metaphors exhibit characteristics of inconsistency, cultural specificity, and repetitiveness. This study hopes to provide valuable insights for the creation of multimodal metaphors in tourism promotional short videos in ethnic areas.

Key words: tourism promotion; short video; multimodal metaphor

政经类语篇中的隐喻模式认知及其翻译策略研究
——基于语料库和隐喻识别步骤(MIP)

刘 欣[1] 孔燕平[2]

([1]无锡太湖学院 无锡 214063,[2]上海对外经贸大学 上海 201620)

摘 要:概念隐喻常常被应用于政经类语篇中,以便政治人士生动阐明新观点和新思想。本研究使用《中国改革开放关键词》和《小康中国发展口述史》两本书及其英文译本为语料,探讨政经类语篇中的隐喻模式认知及其翻译策略。研究发现:政经类语篇中旅行隐喻占比最多,其次为建筑隐喻、战争隐喻和圆圈隐喻,而家庭隐喻几乎没有。此外,不同语体在概念隐喻中没有差别,而就修辞隐喻而言,口语体多于书面语。文章还总结出,政经语篇通常包含四种常见的隐喻翻译策略。

关键词:隐喻识别步骤(MIP);隐喻模式认知;翻译策略;政经类语篇;语料库

1. 引言

在现实生活中,当我们与外界发生互动或联系时,会获得不同的感官体验和感性经验,这些体验和经验会在脑海中形成意象图式,使人们得以从一个认知域向另一个认知域进行隐喻映射。因此,以莱考夫(George Lakoff)、约翰逊(Mark Johnson)等为首的认知语言学家认为隐喻并非只是一种修辞手法,而是人类的认知机制和思维方式,且普遍存在于日常表达和其他活动中。

由于人的认知和思维方式受基因、环境、教育、文化等多方面的影响,所以不同文化间的隐喻模式存在一些差异,这也为翻译增加了一道关卡,隐喻翻译研究始终是语言学家们讨论的焦点。纵观近五十年国内外关于隐喻翻译的研究,不难发现,学者们都在致力于探索出一套合适的隐喻翻译策略,其中包括张培基提出的以修辞为取向的传统翻译方法,即直译法、套用法、意译法;以及认知语言学流行后出现的以认知为取向的隐喻翻译策略和方法,如纽马克(Peter Newmark)倡导的"七步规定性"翻译法和布洛克(Van den Broeck)提出的"三步描写性"方法,他们都是以源语为导向;在此之后,学者图里(Gideon Toury)又提出了以目标语为导向的翻译观点(廖茂俍、李执桃 2016)。

无论哪种翻译策略和方法都不可能像数学公式一样直接套用,必须要结合具体语篇具体分析。本文就建党一百周年献礼书籍《中国改革开放关键词》(以下简称《关键词》)和《小康中国发展口述史:我对中国有信心》(以下简称《口述史》)中的隐喻表达进行分析,借助语料库 Antconc 3.4.3 和隐喻识别步骤(MIP),探讨政经类语篇中的隐喻模式,再借助平行语料库 ABBYY Aligner 讨论汉英政经语篇中的隐喻翻译策略。

2. 概念隐喻

2.1 概念隐喻和隐喻识别步骤

隐喻渗透于人们的日常生活,不仅语言中存在隐喻,我们的思维和行为也处处有隐喻。人类的认知系统本质上是隐喻的。由于人们到达一定年龄后,都会形成一些经验,而这些经验会在脑海中形成一个个意象图示,这些已知的、具体的意象图式(称为"源域")可以投射到人们未知的或触碰不到的东西(称为"目标域")上,帮助人们理解这些抽象概念。简而言之,概念隐喻是让抽象概念在脑海中具体化的一种方式(Lakoff & Johnson 1980)。

莱考夫和约翰逊认为,概念隐喻通常包含三大类,即结构隐喻(Structural Metaphor)、方位隐喻(Orientational Metaphors)和本体隐喻(Ontological Metaphor)。结构隐喻指用一种概念结构来构造另一种概念结构,使两种概念相叠加,将谈论一种概念的各方面的词语用于谈论另一种概念。例如,"Argument Is War"就属于概念隐喻。目标域"辩论"是一个抽象概念,对于孩童或未曾了解过辩论的学习者来说不易理解。当我们用"战争"来投射"辩论"时,学习者就可以联想到和"战争"有关的特征,以此来构造"辩论"的概念。

空间方位隐喻指按照空间方位而构建的一系列隐喻概念。通常与之相关联的空间方位有:上—下、里—外、前—后、深—浅等等。比如,中文里的方位词"上"与不同的字词结合时,其概念是不同的。"上楼""上飞机""上床"都带有向上路径的动作,而"上学""上街""上课"则又不具有该含义,这里的"上"则表示在同一平面上,从一个地方转移到另一个地方。

本体隐喻是指在认知过程中,人们常常把抽象和模糊的思想、情感、观念、状态等无形的概念投射于具体的物质、实体或容器。例如,在"He broke down."这句话中,将抽象的情绪思想看作是一台机器,"这台机器分解了"也就是"情绪崩溃了",这种隐喻可以生动形象地表达出人的无形感受和想法。

由于隐喻和概念有关,因此很难用机器或系统准确识别出来。目前最靠谱的隐喻识别方法就是 Pragglejaz 小组(2007)所提出的隐喻识别步骤(Metaphor Identification Procedure,简称 MIP)。"隐喻识别步骤"简化为三步:(1)分析词汇单元的语境意义;(2)确定该词汇单元的基本意义;(3)将语境意义与基本意义进行对比,如果同时满足如下两个条件——[1]语境意义与基本意义有反差,[2]与基本意义对比之后可以理解——那么,该词汇单元为隐喻。

2.2 政治语篇中的概念隐喻

纵观政治语篇中的隐喻研究,语料多为政府工作报告,或总统、主席的演讲,如刘珍莲(2020)利用自建语料库技术,对《国际税务合作专家委员会第十五届会议报告》中的多项定语"的"字结构在文本中的翻译进行了分析;霍颖和刘薇(2018)对美国总统关于"巴黎气候协定"的演讲进行隐喻架构分析;田苗(2016)对 2015 年政府工作报告中概念隐喻英译进行研究;梁婧玉和汪少华(2015)对布什总统和奥巴马总统的医保演说的隐喻构式进行研究等。此外,在方法上,国内学者之前很少采用定量研究的方法,部分研究如王维民和黄娅(2012)只采用了定性分析的方法,将政治隐喻与批评话语分析结合,探讨语篇背后的意识形态。随着近年来新技术的发展,越来越多的学者开始将语料库运用到隐喻研究中,采用定量分析的方法研究隐喻,比如陈国兴和菅爱丽(2019),利用平行语料库研究政治语篇中的科技隐喻英译策略;朱晓敏和曾国秀(2013)利用语料库对现代汉语政治文本的隐喻模式及其翻译策略进行了探讨,总结出现代汉语政治文本有旅行隐喻、战争隐喻、家庭隐喻、建筑隐喻和圆圈隐喻五类隐喻模式;还有吴丹苹和庞继贤(2013)借助语料库分析政治语篇中的隐喻说服功能与话语策略等。由此可以看出,语料库为隐喻研究开辟了一条新路径。

上述前人的语料库研究方法给本研究提供了思路,尤其是朱晓敏和曾国秀(2013)对政治文本中的隐喻研究给本文提供了理论框架。但他们的研究仅限于正式的政治文本,因此本文以政经类著作为语料,既包含政治话题,也包含经济话题,同时《口述史》一书更偏口语化,与之前多数学者研究的正式语料有所不同;此外他们只详细讨论了旅行隐喻模式,没有对其他几个隐喻模式做详细分析。本研究除了旅行隐喻外,还讨论了战争隐喻、建筑隐喻和圆圈隐喻;最后,本文在分析政经类语篇隐喻翻译策略时,既对前面学者的观点进行了验证,同时还补充了一些建议。

3. 语料收集及隐喻识别

本文语料选取了《关键词》和《口述史》两本著作,经过整理,汉语文本共计 150 987 字,前者为 69 442 字,后者为 81 545 字。使用的工具有:分词工具 ROSTCM6;词频统计工具 Antconc 3.4.3;平行语料库工具 ABBYY Aligner,隐喻判别方法使用的是 Pragglejaz 小组 MIP(2007)提出的隐喻识别程序(MIP)。本论文语料收集及隐喻判别的具体步骤如下:

(1) 整理并阅读原始语料文本,找出并分类隐喻关键词;

(2) 利用 ROSTCM6 工具进行分词,使其能在 Antconc 3.4.3 语料库中打开;

(3) 再利用 Antconc 3.4.3 的词频功能计算出每个隐喻关键词的词频,同时要剔除掉非隐喻词;

(4) 计算完成后汇总隐喻关键词的种类、频数、总频数及其占比,由此归纳文本的隐喻模式,并对比不同语体的隐喻差别;

(5) 最后利用平行语料库 ABBYY Aligner 分析政经类文本的隐喻翻译策略。

4. 汉语政经类文本的隐喻模式

本论文借用了朱晓敏和曾国秀(2013)总结出五种隐喻模式:旅行隐喻、战争隐喻、家庭隐喻、建筑隐喻和圆圈隐喻及各自的隐喻关键词,对两部政经类著作分别进行了隐喻关键词检索和计算(如表1、表2所示)。

政经类语篇中的隐喻模式认知及其翻译策略研究

表1 《口述史》隐喻模式表

源域		隐喻关键词及频数	种类	总频数	占比
旅行隐喻	道路	路线(2)；路(2)；道路(5)；出路(1)；路子(1)；进程(5)；历程(5)；途径(2)；前途(1)；走(43)	9	67	54.63%
	步伐	步(6)；步伐(2)；稳步(2)；起步(5)；逐步(5)；进步(14)；进一步(4)；同步(3)；步入(2)；步骤(1)；迈出(2)；迈进(1)；踏(2)	13	49	
	阻碍	障碍(1)；肩负(2)	2	3	
	目的地	目标(22)；方向(11)；向(31)	3	64	
建筑隐喻		建设(19)；创造(10)；创建(5)；基石(2)；门槛(3)；支柱(1)；门户(1)；渠道(4)；基础(23)；基层(5)	10	73	21.79%
战争隐喻		战斗(2)；战役(2)；抗击(2)；战略(20)；主力军(1)；队伍(9)；抵御(1)	7	37	11.04%
家庭隐喻		大家庭(1)	1	1	0.30%
圆圈隐喻		核心(15)；围绕(3)；中心(23)	3	41	12.20%
总数		48	48	335	100%

表2 《关键词》隐喻模式表

源域		隐喻关键词及频数	种类	总频数	占比
旅行隐喻	道路	路线(35)；路(22)；道路(57)；老路(4)；路子(1)；必由之路(7)；进程(11)；历程(5)；征程(9)；途径(1)；前途(2)；长征(1)；走(56)；沿着(3)	13	214	37.05%
	步伐	步伐(6)；步子(1)；迈向(2)；起步(2)；逐步(21)；进步(24)；进一步(21)；同步(1)；步入(2)；步骤(5)；迈出(4)；迈(2)；迈进(3)；迈入(1)	13	95	
	阻碍	挫折(3)；屏障(1)；障碍(1)；肩负(3)	4	8	
	目的地	目标(129)；方向(28)；向(36)；向着(2)	4	195	
建筑隐喻		建设(388)；创造(22)；创建(3)；支柱(1)；渠道(1)；基础(50)；基层(16)；基石(2)	7	483	34.95%
战争隐喻		战斗(1)；战役(1)；斗争(34)；战略(189)；队伍(3)	5	228	16.50%
家庭隐喻		大家庭(1)；家园(2)；当家作主(5)；儿女(7)	4	15	1.09%
圆圈隐喻		核心(84)；凝聚(7)；围绕(13)；中心(22)	5	144	10.42%
总数		48	55	1 382	100%

卡方检验

	值	自由度	渐进显著性(双侧)
皮尔逊卡方	10.000ª	9	0.350
似然比	13.863	9	0.127
线性关联	3.128	1	0.077
有效个案数	10		

a. 20 个单元格(100.0%)的期望计数小于 5。最小期望计数为 0.50。

图 1　口语体和书面语体隐喻模式显著性差异分析

4.1　旅行隐喻——政治建设和经济发展是旅行

所谓旅行隐喻,即有目的的行为,就是沿着道路旅行至终点。在这两个政经类文本中,旅行隐喻占比最多,旅行隐喻还可按旅行属性分成道路、步伐、阻碍和目的地。在《口述史》中,旅行隐喻达到 54.63%,其中隐喻关键词有道路、进步、方向等 27 种;而《关键词》占比为 37.03%,隐喻关键词有路线、步伐、目标等 34 种。

一场旅行,是由旅行者从起点出发,选择不同道路,途经各种优美风景,历经各种艰难险阻,最终到达终点。这个源域映射到中国发展历程的政治领域中,旅行者即为中国共产党和中国人民,起点是曾经落后的中国,目的地则是实现共产主义,而途中选择的道路则是中国共产党带领人民走向社会主义,再走向改革开放的中国特色社会主义,现已走到如今的新时代中国特色社会主义之路,享受到的"风景"即是国家不断取得的辉煌成就,面临的阻碍则为自然灾害、国际挑战等。"旅行源域"映射到经济领域上,旅行者则是各个公司和企业家,从白手起家,最终变成在国内和国际上享有盛誉的大公司,同样途中也会面对诸如经济危机、竞争对手打压等重重阻碍。

4.2　建筑隐喻——政治建设和经济发展是建筑

除了旅行隐喻外,占比第二的隐喻模式为建筑隐喻。《口述史》中,建筑隐喻的比重为 21.79%,隐喻关键词有 10 种,如建设、基石、门槛等;《关键词》中的比重为 34.95%,隐喻关键词有 7 种,诸如建设、基础、基层等。

之所以建筑可以被映射到政经文本中,是因为政治、经济和它拥有相同的特性,即基础性和相对稳固性。房屋是人类生存发展的基本条件,可以抵御自然灾害和恶劣环境,创造宜居环境,提供精神港湾。而在"五位一体"总体布局中,政治建设和经济建设是社会、文化以及生态建设的基础,只有先将政治、经济发展起来,才能保障其他方位的建设。同时,一个屹立不倒的建筑必须要有牢固的基石,并且需要不断建设和创造。而这块基石映射到政治经济中,就是"好的制度和政策",并且需要不断改革,与时俱进。

4.3　战争隐喻——政治建设和经济发展是战争

战争隐喻也是政经语篇中比较经典的隐喻模式。从表 1 和表 2 中,可以看出,《口述史》

中的战争隐喻占比为 11.04%，而《关键词》中的战争隐喻为 16.50%，相关的关键词包括战斗、斗争、队伍、战略等。

"战争源域"包含斗争、抗击、战略和抵御等概念。政治在某些方面可以被视为一个激烈残酷的名利场，同样包含了主力军、竞争、阴谋、输赢等。映射到我国改革开放发展史，这场战争的主力军就是中国人民，而战场就是国际大舞台，在这个大舞台上，各个国家绞尽脑汁，施展谋略，中国也披荆斩棘，不懈努力，最终成为舞台上的主要角色之一。战争同样也可以映射到经济领域。"商场如战场"就是一个经典隐喻。改革开放后，市场经济逐渐取代计划经济，这也使得经济实体间的竞争愈来愈激烈，如同硝烟弥漫的战场。因此，这场斗争就是商业竞争，战场就是市场，军队就是各个公司，武器就是政策和方案。

4.4 圆圈隐喻——政治建设和经济发展是以一个点为中心向四周扩散的圆圈

政经语篇中最后一种较为常见的隐喻模式为圆圈隐喻。圆圈隐喻中的圆圈指的是以一个点为中心向四周扩散，或指四周向一个中心点聚焦。在《口述史》中，圆圈隐喻占了 12.24%，超过了战争隐喻，《关键词》中的圆圈隐喻则占比 10.42%。隐喻关键词包括核心、中心、围绕等。

"圆圈"之所以可以映射到政治和经济领域，是因为政治和经济也是一个圆圈。比如，"以习近平同志为核心""以经济建设为中心""以人民为中心"等表述，就是会在脑海中投射出一种意象，即以党和国家、经济建设、人民为中心，四周围绕着其他对象，或各族人民、各党派人士，或文化建设、社会建设，或政府人员等。该隐喻模式的意义在于可以生动形象地表明我们需要拥护中国共产党的领导，需要大力发展经济，需要把人民放在首位。

上面分析显示，在政经类语篇中，旅行隐喻占比最多（《口述史》为 54.63%，《关键词》为 37.05%），其次为建筑隐喻（《口述史》为 21.79%，《关键词》为 34.95%）、战争隐喻（《口述史》为 11.04%，《关键词》为 16.50%）和圆圈隐喻（《口述史》为 12.24%，《关键词》为 10.42%），而家庭隐喻几乎没有（《口述史》为 0.3%，《关键词》为 1.09%）。另外，本文借助 SPSS 统计软件，对不同语体的概念隐喻的显著性差异进行了统计。利用卡方检验分析得出（如图 1 所示），显著性 p 值都大于 0.05，表明书面语体和口语体在概念隐喻的使用上没有显著差别。这是因为概念隐喻与认知体验有关，而书写和说话都需要结合认知体验，所以概念隐喻与语体无关。但从修辞隐喻角度看，本语料库中的口语体隐喻绝对数量比书面语体多。《口述史》因为包含许多对话，因此含有大量修辞隐喻，比如"经济泡沫""铁公鸡""拦路虎""看家狗""市场一片愁云惨淡"等；而《关键词》是偏正式的书面语，较少使用含有修辞隐喻的习语和俗语。由于文章篇幅所限，本研究没有分析和讨论修辞隐喻的数据，有待今后另文研究并加以佐证。

5. 汉语政经类语篇的英译策略

朱晓敏和曾国秀（2013）就汉英政治语篇的翻译策略进行过探讨，他们认为有三大策略：（1）在目标语中保留原文本的源域；（2）使用目标语中的源域来代替原文本中的源域；（3）丢弃原文中的源域，辅之以对原文目标域的解释。本文将借助平行语料库 ABBYY Aligner，就这三大策略是否也适用于政经类语篇进行探讨。由于《关键词》的内容属于官方正式文本,与朱晓敏和曾国秀(2013)的研究语料大致重合,故本文着重分析《口述史》一书的翻译策略。

策略一:在目标语中保留原文本的源域

思维影响语言的形成,尽管东西方国家的语言体系相差很大,但其使用者都是人类,因此或多或少都会存在某些相似的成分。当汉英两种隐喻的认知方式相同、语言形式也统一时,往往可以采用这种翻译策略,即在目标语中保留原文本的源域(朱晓敏、曾国秀 2013)。比如:

[1] 原文:股市属于虚拟经济,天然存在泡沫,泡沫的膨胀与破灭造成股市的波动。
译文:The stock market belongs to the virtual economy, there is bound to be bubbles, and inflation and the burst of the bubble will lead to fluctuations.

[2] 原文:股市总是有熊市,也有牛市,即便在牛市和熊市中,也总是不断波动。
译文:There will always be a bear market and a bull market, with fluctuations in both.

分析:在上述两例中,英汉两语都有用泡沫比喻虚拟经济的认知方式,且都存在类似的词汇表达。因此在翻译成目标语时,直接保留了源文本的源域"泡沫",译作为"bubbles";同理,"熊市"和"牛市"中的熊和牛在两种语言中都有相同的意象图式,因此可将其直译为"bull market"和"bear market",同样直接保留了原文本的源域。

策略二:使用目标语中的源域来代替原文本中的源域

由于不同国家的文化、价值观念等存在差异,所以汉英两语在表达同一个概念时会使用不一样的表述。因此在进行隐喻翻译时,我们要遵循目标语的语言习惯,用目标语中的源域来代替原语中的源域。比如:

[3] 原文:市场一片愁云惨雾。
译文:Gloom and pessimism permeated the stock market.

分析:该句想要表达的是市场的惨淡,因此目标域是"愁"和"惨"。在原文本中,源域为乌云和浓雾,凸显出惨淡的状况是笼罩在市场上的,体现的是其分布之广;但翻译成英语时,舍弃了该源域,而是用了"permeate"这个词,将源域转变成了水,凸显出这种惨淡的程度之深。但无论源域怎么变化,最终都能生动形象地表现出市场的悲惨局面。

[4] 原词:套现
译词:cash out

分析:"套现"一词是经济术语,它是指获取现金利益。汉语中的"套现"的"套"字体现了结构隐喻,"拿一个袋子把现金套起来"。但翻译为英文"cash out"时,"out"则体现了方位隐喻,"将现金拿出来"。翻译的过程,就是隐喻顺应的过程。为顺应目标语的使用习惯,在翻译时我们需要对隐喻做调整和改变。

策略三：丢弃原文本中的源域，辅之以对原文目标域的解释

有些汉语的概念隐喻带有强烈的文化特色，在英语中无法直接或间接的源域代替。此时就需要舍弃原文本的源域。译者可以发挥主观能动性，在不偏离原文含意的基础上，进行解释或意译。比如：

[5] 原文：有些上市公司被股民贬为"铁公鸡"，尽管盈利颇丰，但就是一毛不拔。
译文：Some listed companies have been denounced as a "miserly" by shareholders. Although these companies are highly profitable, they still do not offer dividends to their stockholders.

[6] 原文：中国人在多晶硅技术上打了一个了不起的翻身仗。
译文：The Chinese people have made a great turnaround in polysilicon technology.

分析：在上述两个例子当中，"铁公鸡"和"翻身仗"都是汉语的谚语，只在汉语中才有该意象图式，英语没有类似的隐喻，很难保留原文本中的源域。因此英文译本直接将动物隐喻和战争隐喻舍弃，只表达了本身的含义。

政经类语篇中的隐喻翻译基本遵循上述的三大策略。但除了上述策略之外，本文认为保留原文源域并增加目标域的注解也应是基本策略之一。

策略四：既保留原文本中的源域，同时也加上对原文目标域的注解

[7] 原文：住房"大锅饭"从1949年一直吃到了1978年。
译文：Regarding housing, from 1949 to 1978, people were eating from the same big pot (receiving the same reward or pay regardless of their work performance).

分析：在该例句中，源域"大锅饭"是20世纪七八十年代中国社会的一个词语，具有典型的中国特色，在英语中没有对应的表达，但译者在翻译时，却保留了该源域，同时在后面补充了注解，解释了它背后的含义。这种翻译策略的优势在于，既可以让目标语读者理解，又能够传播源语文化，缺点在于会使文本显得比较冗长。

综上所述，以上四条政经文本中的隐喻翻译策略主要是通过保留、替代和删减原文本源域来实现的。因此在翻译时，一定要充分了解两种语言的表达习惯和文化差异，尽量保证隐喻的韵味。

6. 结语

政经语篇的隐喻模式多种多样，除了上述提到的旅行隐喻、建筑隐喻、战争隐喻和圆圈隐喻四种主要模式外，还包含一些次要的、使用频率不多的隐喻模式，比如季节隐喻、动物隐喻等。例如"目前，光伏业遭遇寒冬，我依然要滑雪"以及"熊市""牛市"等表达。由于时间和精力有限，本文没有作讨论。

另外，通过对两种语体的对比分析发现，概念隐喻在书面语体和口语体中没有差别，但口语体中的修辞隐喻比重大于书面语体中的修辞隐喻。这是因为概念隐喻与人的认知体验有关,同一认知体验下产出的东西是一样的;而修辞隐喻因为生动形象且偏文学性,因此在口语中使用较多,政经书面文本比较偏正式,所以通常会避免使用。

最后,通过对政经语篇中的隐喻汉英翻译的分析,本文验证了朱晓敏和曾国秀(2013:82-86)的三大隐喻翻译策略也适用于政经文本的观点,即(1)在目标语中保留原文本的源域;(2)使用目标语中的源域来代替原文本中的源域;(3)丢弃原文本中的源域,辅之以对原文目标域的解释。此外,通过研究发现,在《口述史》的翻译中还有另一种策略——既保留原文本中的源域,同时也加上对原文目标域的注解。总之,在进行汉英翻译时,译者需要了解和分析两个语言文化的异同,根据不同的情况选择合适的翻译策略。

参考文献:

[1] LAKOFF G. The contemporary theory of metaphor[C]. Cambridge: Cambridge University Press, 1993.

[2] LAKOFF G. & M. JOHNSON. Metaphors We Live by[M]. Chicago: University of Chicago Press, 1980: 8-23.

[3] NEWMARK P. Approaches to Translation [M]. Shanghai: Shanghai Foreign Language Education Press, 2001.

[4] PRAGGLEJAZ GROUP. MIP: A method for identifying metaphorically used words in discourse[J]. Metaphor and Symbol, 2007(1): 1-39.

[5] SEMINO E. & HEYWOOD J. & SHORT M. Methodological problems in the analysis of metaphors in a corpus of conversations about cancer[J]. Journal of Pragmatics, 2004.

[6] 陈国兴,菅爱丽. 政治语篇中的科技隐喻及其英译策略研究——基于《习近平谈治国理政》的平行语料库[J]. 外语电化教学,2019(05): 56-61.

[7] 高新华,刘白玉. 金融危机英语隐喻词汇的翻译[J]. 外语学刊,2010(05): 119-121.

[8] 胡壮麟. 隐喻翻译的方法与理论[J]. 当代修辞学,2019(04): 1-9.

[9] 霍颖,刘薇. 美国两党气候变化演讲语篇的隐喻架构分析——以两次关于"巴黎气候协定"的总统演讲为例[J]. 东北大学学报(社会科学版),2018,20(03): 317-324.

[10] 李弘,王寅. 语义理论与翻译研究——认知语言学对翻译的解释力[J]. 外语与外语教学,2005(10): 35-39.

[11] 梁婧玉,汪少华. 布什与奥巴马政治演说的隐喻架构分析——以国情咨文中关于税收的演说为例[J]. 山西师大学报(社会科学版),2015,42(03): 56-61.

[12] 廖茂俍,李执桃. 国内外近五十年隐喻翻译研究:回眸与展望[J]. 湖南科技学院学报,2016,37(11): 169-171.

[13] 刘珍莲. 基于自建语料库的多项定语"的"字结构的翻译分析[J]. 商务英语教学与研究,2020(00): 83-91.

[14] 秦德娟. 语法隐喻与认知隐喻[J]. 云南民族大学学报(哲学社会科学版),2008(02): 135-139.

[15] 田苗. 基于概念隐喻的2015年政府工作报告英译研究[J]. 黑龙江高教研究,2016,(06): 157-160.

[16] 王维民,黄娅. 从概念隐喻看政府的意识形态与执政理念——以国务院《政府工作报告》(1978~2011)为例[J]. 西南交通大学学报(社会科学版),2012: 40-45.

[17] 吴丹苹,庞继贤. 政治语篇中隐喻的说服功能与话语策略——一项基于语料库的研究[J]. 外语与语教学,2011(04): 38-42+47.

[18] 肖家燕,李恒威. 概念隐喻视角下的隐喻翻译研究[J]. 中国外语,2010,(5): 106-111.

[19] 徐莹. 国外批评隐喻分析：困境与展望[J]. 外国语文研究,2015,1(04)：32-37；32-37+22.
[20] 赵霞,尹娟. 中英经济语篇中概念隐喻映射模式的比较分析[J]. 内蒙古大学学报(哲学社会科学版),2010,42(06)：143-148.
[21] 朱晓敏,曾国秀. 现代汉语政治文本的隐喻模式及其翻译策略———一项基于汉英政治文本平行语料库的研究[J]. 解放军外国语学院学报,2013,36(05)：82-86.

Research of Metaphorical Mode and Translation Strategy in Political and Economic Texts — Based on Corpus and MIP

LIU Xin[1] KONG Yanping[2]

([1] Wuxi Taihu University, Wuxi 214063;
[2] Shanghai University of International Business and Economics, Shanghai 201620)

Abstract：Conceptual metaphor always applies to political and economic texts so that politicians can explain their fresh ideas and arguments vividly. Therefore, this paper, based on the corpus, analyzes the metaphorical modes and translation strategies of political and economic texts. The corpus data chooses two books—*China's Reform and Opening Up in 100 Keywords* and *An Oral History of the Development of Well-off China*, as well as their English version texts. This paper concludes that in political and economic texts, traveling metaphor accounts for the most part, then construction metaphor, war metaphor and circle metaphor. However, almost no family metaphor exists in these two books. What's more, various language forms make no difference in conceptual metaphors. As far as rhetorical metaphors are concerned, there are more verbal metaphors than written ones in this kind of books. Finally, this research also finds four main translation strategies of metaphor in political and economic texts.
Key words：MIP; metaphorical modes cognition; translation strategy; political and economic texts; corpus

基于语料库的中国当代外交话语的翻译规范研究

——以《习近平谈治国理政》为例*

张晨夏 张蔚磊

(上海对外经贸大学 上海 201620)

摘 要：本文基于自建《习近平谈治国理政》汉语原文和英语译文平行语料库中的外交文本部分，通过分析其中翻译策略和翻译技巧的使用特征，重构当代中国外交话语英译遵循的翻译规范。研究表明，当代中国外交话语的英译遵循使用融通中外的方式在保证译文充分性的同时兼具可接受性的翻译规范，坚持表达中国声音并且考虑他国文化适应，积极对外输出中国文化和思想；在遵循贴合本国国情规范的基础上，呈现出理性克制的主基调，展现中国低调谦逊的外交风格；具有相对的稳定性和一致性。这些翻译规范特征主要受丛书定位、外交话语传播特性、中国国情等因素的影响。当代中国外交话语的翻译，关系到中国声音的国际传播、国家利益的维护、对外话语体系和国家形象的建构，其遵循的翻译规范正是国家主流意识形态的典型表征，并能对意识形态产生反作用。

关键词：外交话语；翻译规范；语料库；意识形态

1. 引言

外交话语是指"外交主体为表达自己一定历史时期内的国际战略与外交政策所使用的语言及其话语行为，主要包括关于外交理念或外交政策的国家正式文件、领导人讲话、国家

---

* 本文为教育部人文社会科学研究青年基金项目"数据驱动的中美外交话语的国家身份构建比较研究"（编号23YJC740086）阶段性成果；上海对外经贸大学2024年度青年教师资助项目"数据驱动的中美能源外交的话语构建比较研究"（编号24QN008）阶段性成果。

间条约、协议、公报、声明和宣言、外交谈判、新闻发布会或记者招待会等"(胡开宝、李婵 2018：7)。其翻译与外宣效果紧密相关，旨在介绍一国政府的治国方略以及对重要国际问题的立场和看法，让国外民众了解并理解本国，增进本国与国外民众之间的相互理解，塑造本国良好的国际形象(胡开宝 2023)。因此，作为一种特殊的外宣实践，外交话语的翻译是"主权国家以国家名义为实现自利的战略目标而自发实施的自主性翻译实践"(任东升、高玉霞 2015：92)，首要目的是通过语言转换使得包含本国意识形态的官方话语能够较好地在国际社会上进行传播并被接受。

《习近平谈治国理政》(以下简称《治国理政》)收录了习近平总书记自党的十八大以来的重要讲话、谈话、演讲、答问、批示、贺信等文献，内容涉及内政外交等各个方面，是当代中国理念、政策和方针的精华。该书由中央宣传部(国务院新闻办公室)会同中央文献研究室(现名"中央党史和文献研究院")、中国外文局修订，由外文出版社用多语种向海内外发行。近年来，其发行遍及多个国家和地区，全球出版量一直保持上涨态势，出版量之大、辐射面之广、影响力之巨均达到了我国政治文献对外出版的最高水平(周忠良 2019)。作为国家权威官方翻译机构，外文局翻译团队翻译《治国理政》时所遵循的翻译规范是由国家主流意识形态和社会主流价值观转化而成，可对其他翻译活动构成较强的约束力。

本文以《治国理政》中的外交文本为例，通过分析其英译使用的翻译策略与技巧，重构其所遵循的翻译规范，探究当代外交话语翻译背后蕴含的时代背景、话语传播特性、社会文化语境等因素。外交话语翻译规范的研究对当今时代背景下外交文本翻译的实践和理论研究以及国家外宣翻译能力有重要意义。

2. 翻译规范及其研究

翻译规范(translation norms)是描写翻译研究的重要成果之一(王运鸿 2014)。尽管 Jiří Levý、James S. Holmes、Itamar Even-Zohar 等学者都曾提及这一概念，Gideon Toury 最早对"翻译规范"概念进行系统深入的阐述。所谓规范，即"将某个社群所共享的价值观或观念(如对与错、恰当与不恰当)转化成适合特定情境的行动指令，规定在某一行为维度下哪些行为是禁止的、哪些是允许或容忍的"(Toury 2001：55)。Toury(1995)将翻译规范分为微观的预备规范、初始规范和操作规范，并指出这些规范能够反映出某一群体的共同价值观念，且总是处于动态的发展变化之中(徐敏慧 2017)。Chesterman(2012)借鉴语言学和社会学中对规范的划分，进一步发展了翻译规范，将其分为两大类，即由目的语读者对译作的期望组成的期待规范和多由权威专业译者制定的专业规范，后者又可细分为义务规范、传意规范和关系规范。他认为同一时期会有多种规范并存，他们存在竞争关系，获胜者为主导规范。Chesterman(2012)提出的期待规范中包含目的语文化的价值观和意识形态等，表明此时一些学者开始意识到并关注翻译规范与权力、价值观和意识形态之间的关系，但并没有进行深入系统的研究。随后，Hermans(1998；1999)扩大了翻译规范研究的社会功能，将翻译视为社会交往活动，对"翻译规范如何受到文化身份、价值观、社会权力和意识形态的影响和控制进行了深刻的阐述"(陈勇 2019：26)。通过对比不同学者对于翻译规范的描述，可以发现他们对于"翻译规范的界定不尽相同，但规范是以某一文化共同体普遍认可和接受为前提，以奖惩为实施手段的社会化行为，具有文化特殊性、不稳定性和矛盾性"(廖七一 2009：95)。

国内对于翻译规范的研究"经历了引介国外研究成果（移植）、评介相关理论（消化）、运用翻译规范研究中国翻译（本土化）这三个阶段"（傅敬民 2013：11）。孙艺风（2003）、李德超和邓静（2004）、廖七一（2009）、王军平和马刚（2022）、喻旭东和傅敬民（2022）等都对翻译规范研究进行了宏观综述，介绍了翻译规范理论相关的研究成果并对不同的理论进行评价。运用翻译规范探究中国翻译的本土化研究模式主要是通过分析某一文本使用的翻译策略重构其所遵循的规范，然后结合社会文化背景对规范进行解释（王洪涛、王海珠 2021；李婧萍、张威 2022；张旭 2022）。通过在中国知网收录的核心期刊中检索关键词"翻译规范"，可以发现相关研究共 225 篇①。其中，赵祥云（2018）通过调查国家领导人著作英译的标题使用的翻译策略，分析了国家领导人著作英译规范的嬗变。张威和杨嘉欣（2023）以《治国理政》（第三卷）为例，讨论了中国政治话语的"隐含叙事"特点及其翻译策略，探究了中国政治话语的翻译规范并提出了翻译叙事策略的具体方案。

不难发现，从研究方法上看，现有研究多聚焦单个文本进行质性分析，使用大量文本对外交话语的翻译规范进行量化考察的研究数量不多；从研究视角上看，外交话语的相关研究受到越来越多的关注，但很少有研究从翻译规范的视角展开；从研究对象上看，尽管现有研究涉及多类文本的翻译规范，但谈及外交话语翻译规范的研究较少。因此，本研究利用自建的《治国理政》中英文平行语料库中的外交文本部分，使用人工标注和校对的方法，在描写翻译策略和技巧使用的基础上，重构当代中国外交话语的翻译规范，并探讨影响外交话语翻译规范的潜在因素。本文将回答以下三个问题：

（1）《治国理政》外交文本中翻译策略的使用呈现出翻译规范的什么特征？
（2）《治国理政》外交文本中翻译技巧的使用呈现出翻译规范的什么特征？
（3）当代中国外交话语英译遵循的翻译规范及其背后的动因是什么？

3. 研究设计

3.1 研究语料

本研究使用的语料为《治国理政》系列丛书中的外交文本部分，包括第一卷中的 39 篇文章、第二卷中的 46 篇文章和第三卷中的 42 篇文章及其对应的英语译本。最终，本语料库的库容为中文 473 311 字，英文 306 134 词（详见表 1）。语料的平行和检索使用 ParaConc 软件完成。

表 1 《治国理政》外交文本翻译策略语料库概况

《习近平谈治国理政》	文章数（篇）	字/词数
《习近平谈治国理政》I 中文（字）	39	141 176
《习近平谈治国理政》I 英文（词）	39	89 590

---

① 引文网址：https://www.cnki.net。检索时间：2024 年 2 月 1 日。

续　表

《习近平谈治国理政》	文章数（篇）	字/词数
《习近平谈治国理政》II 中文（字）	46	172 073
《习近平谈治国理政》II 英文（词）	46	112 575
《习近平谈治国理政》III 中文（字）	42	160 062
《习近平谈治国理政》III 英文（词）	42	103 969

3.2　语料标注

由于翻译规范无法直接观察得出,本文拟通过量化分析受规范制约下的翻译产品呈现出的翻译策略和翻译技巧特征,重构翻译规范。研究使用的标注方案由课题组内专家和成员共同商定,分为翻译策略标注和翻译技巧标注（见图1）。本研究中的标注对象为文化负载词,即"标志某种文化中特有事物的词、词组和习语,这些词汇反映了特定民族在漫长的历史进程中逐渐积累的有别于其他民族的独特的活动方式"（廖七一 2000：232）。作为典型当代中国外交文本,《治国理政》中的文化负载词是中国传统文化的集中体现,其翻译策略和技巧是中国外交话语翻译规范微观层面的典型表征。

翻译策略受初始规范所形成的充分性和可接受性翻译倾向的影响。若译者遵循源语规范,其译文就会呈现出充分性特征;相反,若译者遵循译语原则,则其译文会呈现出可接受性特征（Toury 1995）。前者常使译者采取异化翻译策略,后者则指向归化策略。翻译技巧是在翻译规范指导下的更微观的层面的操作。对于翻译技巧的标注,本研究将其细分为增词、省译、词性转换、视角转换、具体化和概略化。为了确保标注的准确性和一致性,在完成语料库中的翻译策略和技巧标注后,课题组成员之间进行了二次相互检验。

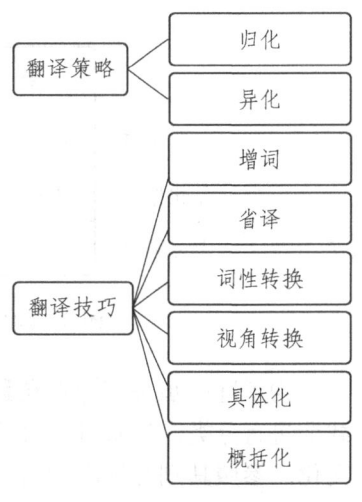

图1　本文考察的翻译策略和技巧

4. 结果与讨论

4.1　翻译策略呈现出的翻译规范特征

从总体翻译策略的使用来看,《治国理政》外交文本的翻译规范呈现出兼具充分性和可接受性的特征。其中,第一卷中异化策略的使用稍高于归化策略,第二、第三卷中归化策略的使用稍高于异化策略（详见图2）。通过卡方检验,可以发现三卷中归化策略和异化策略的使用所占比例并没有显著差异（$\chi^2 = 2.668\ 9, p = 0.263\ 3 > 0.05$）,表明这一翻译规范的特征贯穿于近十几年的外交文本翻译实践中。

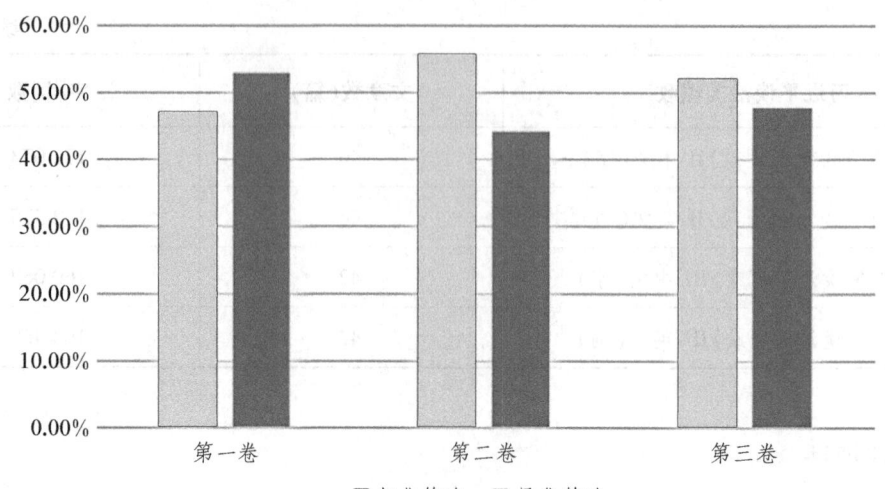

	第一卷	第二卷	第三卷	合　计
归化策略	65(47.10%)	135(55.79%)	97(52.15%)	297(52.47%)
异化策略	73(52.90%)	107(44.21%)	89(47.85%)	269(47.53%)
卡方检验	\multicolumn{4}{c}{x-squared = 2.668 9, df = 2, p-value = 0.263 3}			

图2　《治国理政》外交文本英译本中翻译策略的使用情况

为了进一步考察译者在翻译这些文化负载词时所遵循的翻译规范,本文将这些文化负载词进行分类。Nida(1964)曾将文化分为生态文化、物质文化、社会文化、宗教文化和语言文化。参照其划分标准,结合习近平总书记讲话的话语风格,本文将《治国理政》外交文本中的文化负载词分为生态文化负载词、典故文化负载词、社会文化负载词、宗教文化负载词和语言文化负载词(余立霞 2016)。借助 ParaConc 软件,分别提取使用归化策略和异化策略翻译的文化负载词(详见表2)。

表2　文化负载词的翻译策略使用情况

	归化策略	异化策略
典故文化负载词	59	122
社会文化负载词	100	51
语言文化负载词	89	55
生态文化负载词	26	22
宗教文化负载词	23	19

通过深入分析这些文化负载词的索引行，本研究发现如下规律：

第一，典故文化负载词的翻译遵循以本国文化为中心的翻译规范。典故包含诗文中引用的古代故事和有来历的词语、具有教育意义而且大众耳熟能详的公认的人物和事件等。习近平总书记讲话的显著特征之一就是旁征博引，因而这类文化负载词的数量在《治国理政》外交文本中也是最多的（181处）。外交话语中的这些典故承载着中国优秀传统文化，是向世界讲述中国故事，传递中国理念的重要途径。它们的翻译效果直接关系到中国特色外交话语的对外传播。可以发现，在本语料库中，这些典故负载词多使用异化策略以保留源语的文化特征，遵循了在文化层面贴近源语的规范，坚持使用本国话语，让读者贴近原作，以便更好地传播中国传统文化和习俗。如例1原文画线部分是曾风靡一时的豫剧《七品芝麻官》中的一句简单直白的台词，意思是不论官职的大小，官员都要对老百姓负责，为老百姓办事。这是老百姓对官员领导的最基本期待和要求，也是习近平总书记对领导官员要做有责任感、有担当的人民公仆的勉励。译文和原文保持高度一致，遵循以我为中心的规范，通过较强的对比在凸显对于官员的要求的同时，保留了原文的中国传统文化特色。

[1] 原文："<u>当官不为民作主，不如回家卖红薯</u>。"说的就是这个道理。
译文：<u>"If an official does not act on the people's behalf, he would be better going back home and selling sweet potatoes</u>," a folk saying goes.

第二，社会文化负载词和语言文化负载词的翻译多遵循"贴近中国发展的实际，贴近外国受众需求和受众思维习惯"（黄友义 2004：29）的规范。社会文化负载词是指由于社会文化体系的不同，一些原本没有情感色彩的词会被来自不同社会文化体系的人解读出不同的情感。通过检索索引行可以发现，《治国理政》外交文本中用到的社会文化负载词大多在翻译时使用了归化策略，呈现出贴近中国发展需求的翻译规范特征。如例2中的"红眼病"是疾病类的社会文化负载词，了解中国文化的人会明白它指代的是嫉妒心理，即不希望别人比自身强，而不了解的人会误以为是真的指代这种疾病。这种情况下，如果遵循充分性规范，采用异化的方法，译文势必会给来自不同社会文化的受众群体带来困惑，甚至在他们心中塑造出羸弱的东方形象；而遵循充分性的翻译规范，采用归化策略，能够较好地传达原文的外交信息，塑造良好的国家形象，更符合当前中国发展的实际需求。

[2] 原文：中国人民深知实现国家繁荣富强的艰辛，对各国人民取得的发展成就都点赞，都为他们祝福，都希望他们的日子越过越好，不会犯"<u>红眼病</u>"，不会抱怨他人从中国发展中得到了巨大机遇和丰厚回报。
译文：We Chinese know only too well what it takes to achieve prosperity, so we applaud the achievements of others and wish them a better future. We are <u>not jealous of others' success</u>; and we will not complain about others who have benefited so much from the great opportunities presented by China's development.

语言文化负载词即不同语言中的独特语言形式，汉语中最典型的语言文化负载词包括成语、歇后语等。以成语为例,成语是汉语词汇中定型的词语,有固定的结构形式和说法,简短精辟且富有深刻的思想内涵。但也由于成语的这些特征,在其他语言中很难找到对应的表达。《治国理政》外交文本经常使用成语来增加信息的丰富度和欣赏价值,这给翻译带来了挑战。如下例3原文中的"快马加鞭"这一成语,在英语中存在文化缺省现象,没有对应的词语,所以在翻译时采用归化策略将其翻译为"waste no time"来表达原文中的加速前进的含义较为恰当,符合贴近目标语受众熟悉的表达方式这一规范。

[3] 原文:问题看到了,就要以时不我待的精神,快马加鞭改变这个局面。
译文:With this understanding, we should waste no time in making a difference.

4.2 翻译技巧呈现出的翻译规范特征

就整体翻译技巧的使用而言,《治国理政》外交文本的英译规范呈现出统一性和稳定性特征,三卷英译本中的不同翻译技巧的使用频率没有显著差异($x^2 = 11.678, p = 0.039\,47$)。其中,使用最多的是增词(分别占63.42%、51.54%、55.59%),其次是省译(分别占20.56%、35.93%、32.16%),余下的翻译技巧使用比例较低(详见表3)。下文用ParaConc提取出相关索引行对使用频率较高的增词法和省译法进行详细分析。

表3 《治国理政》英译本中翻译技巧的使用情况

翻译技巧	第一卷	第二卷	第三卷	Total
增词	1 300(54.81%)	1 977(51.54%)	1 865(55.59%)	5 142
省译	751(31.67%)	1 378(35.93%)	1 079(32.16%)	3 208
词性转换	136(5.73%)	212(5.53%)	178(5.31%)	526
视角转换	87(3.67%)	126(3.28%)	109(3.25%)	322
具体化	35(1.48%)	62(2.62%)	51(1.52%)	148
概括化	52(2.19%)	81(2.11%)	73(2.18%)	206
卡方检验	X-squared = 11.678, df = 5, p-value = 0.039 47			

通过索引行分析,可以发现根据语境的不同,翻译策略的使用体现出翻译规范的灵活性特征。

首先,本语料库中,有72%(1 524/2 135)的增词法都是用于增加英译文中的主语或连接词,其中以we(1 324)最为常见。这与汉语和英语两者的语言差异有关。例如"第三,实施宏观调控,要更加注重引导市场行为和社会心理预期"的英语译文是"Third, we should implement macroeconomic control by imposing positive influence on market"。汉语原文中使用的无主句不需要明确主语,而翻译时,为保证传播效果,遵循贴近受众表达习惯的规范,需要补充主语 we 以符合英语的主动式结构。此外,通过添加 we,在保持了原文的权威性的同时,又拉近了译本与受众的距离,塑造亲民的国家形象,符合本国的国情和发展需要。

其次,译文常遵循文化适应的原则,补充汉语原文中提及的历史事件和政治口号的背景。例如,汉语原文的"进入改革开放新时期"在英语中补充了中国改革开放的具体时间,"Once China entered the reform and opening-up period in 1978"。在这一翻译规范特征的指导下,译文能够灵活地将本国核心历史和政治事件传达给受众,有助于受众更好地了解中国及相关话语的历史和背景,从而达到较好的传播效果。

再次,文化负载词的英译前后常伴随如"As a Chinese saying goes""A Chinese adage reads""An ancient Chinese philosopher said"等增加内容,这一特征体现出外交话语翻译遵循忠实并传播本国文化的规范,在消除读者阅读障碍的同时明示受众这是中国传统表达,让受众下意识地了解中国。

值得注意的是,省译技巧在《治国理政》外交文本的英译中也较常使用,呈现出力求保持中立、理性和克制的翻译规范特征,体现在许多被省略掉的词语都是在原文中有极差含义的词语。在评价系统中,极差子系统指的是表明态度介入程度强弱的分级资源(王振华 2006)。翻译过程中,如果原文中趋于积极正向的极差资源被省略,则译文中的积极正向语义被弱化;反之,如果原文中趋于消极负面的极差资源被省略,则译文中的消极负面语义被弱化,积极正面语义被强化。在使用省译技巧的索引行中,被省略的积极正面语义的词语的数量(381)远高于含有消极负面语义的词语的数量(41)。通过词频排序,可以看出在这些表达积极正面语义的词语中,被省略最多的是"全面"(27 次),次之是"不断"(23 次)和"伟大"(21 次)(详见表 4)。

表 4 被省略词语按词频排序

被省略的词语	频 数	被省略的词语	频 数
全面	27	广大	15
不断	23	我们	14
伟大	21	积极	14
科技	21	努力	12
发展	19	坚持	12

这些词语的省略都是对原文积极正面表达的弱化。现阶段,中国的自身定位仍然是发展中国家,在科技、经济、创新等方面仍有很大进步空间。将"全面""不断""广大""科技"等词语在对外译本中省略,符合中国谦逊的传统以及自身在国际上的定位,体现了贴合国情并保持中立的翻译规范。且看例 4,其中"全面"可以译作 fully、comprehensively、at all aspects 等,但在实际的译文中被省略掉。"全面"一词意味着中国全方位积极推进依法治国,但如果这

一词语多次出现在译文中,也容易被别有用心的受众理解为中国已经彻底完成了自身建设,想要称霸世界,用自己的力量控制其他国家。所以,尽管译文中省去部分"全面"的英译看起来是弱化了原文中的积极正面形象,但这种表述力图中立、理性的做法尽可能避免了他国的误读,贴近中国的国际定位,保护了国家利益,体现了现阶段中国的外交风格。

    [4] 原文:<u>全面</u>推进依法治国,必须走对路。

          译文:To advance the rule of law in China, it is imperative that we take the right path.

而伟大、发展、积极、努力、坚持等词语在汉语原文中多次重复出现本意是为了表明中国一直在积极进取发展自身实力,以为推动全世界的进步和发展做出贡献。但如果这些词语频繁出现在对外译本中,受众会因为价值观和意识形态的不同对这些词感到困惑并认为中国的持续发展会对他国利益产生威胁。因此,例 5 中"伟大"的翻译如 great 等在英译文本中被省略。"伟大"一词在本例中是形容令人钦佩的长征途中吃苦耐劳、勇往直前的红色革命精神,但对中国文化接触较少的外国受众而言,如果将"伟大"直译很有可能引起他们的不解和困惑,因此译文中省略"伟大"遵循了克制而且贴合受众的接受程度这一规范,低调宣扬中国文化,避免给受众带来压力。

    [5] 原文:弘扬<u>伟大</u>长征精神,走好今天的长征路。

          译文:To carry forward the spirit of the Long March and succeed in our present long march.

5.《习近平谈治国理政》英译遵循的翻译规范及其动因

翻译规范首先从宏观上制约译者的翻译行为,进而在文本、语言等微观层面对翻译策略和技巧等产生影响。本研究表明,中国当代外交话语的翻译规范较好地平衡了译文的充分性和可接受性,以本国文化为中心但考虑他国文化适应,具有灵活性的同时呈现出贴近本国国情、理性克制、稳定和统一的特点。我们认为,上述翻译规范特征背后的动因主要为丛书定位、外交话语传播特性、中国国情等。

就丛书定位而言,《治国理政》是汇编习近平总书记提出重大概念、最新思想以及中国未来发展的新愿景、新战略的讲话、演讲、文章等的合集,是显示中国未来方向的指南针,是诠释新时代中国发展故事的金钥匙(董雁、马杰 2021),属于典型的国家文本(周忠良 2022;窦卫霖、王宇婧 2011)。此系列书目除了被定位为政治理论汇编外,还被认为是传递中国治理理念的权威性文献及党员和各级领导干部学习的教材,同时具有权威性、宣传性和教育性。而《治国理政》的英译是由中国外文局这一中国最权威、历史最悠久、规模最大的专业对外传播机构组织的经验丰富的精英翻译团队完成的(王明杰 2020),其性质为官方翻译。英译本的定位与原文一脉相承,但与原文的多数受众所了解的中国不同,英译本将域外受众扩大至普罗大众,"要让国外普通老百姓能够看懂"(尹佳 2016)。鉴于丛书及其英译本的特性和定位,《治国理政》囊括了大量中国特色话语,以坚持中国的话语自信,而其英译本则"既要体现鲜明的中国特色,又要与国外的话语体系对接"(黄友义等 2014:5)。这使得译文需要遵循平衡读者的可接受性和翻译的充分性的规范,在恰当地坚持中国表达的同时最大程度让域外受众了解并理解中国。此外,为了维护外交话语的权威性和严肃性,该丛书的翻译规范呈现出稳定和统一的特征。这些翻译规范的特征有助于中国在激发受众共鸣和认同感的同时,彰显国家自信,打破"西强我弱"的国际话语体系。

就外交话语传播特性而言,为了保证传播效果,需要采用融通中外的话语表达方式,以实现与不同民族国家之间的交流互鉴。习近平总书记在 2018 年指示,要推进"国际传播能力建设,讲好中国故事,传播好中国声音,向世界展现真实、立体、全面的中国,提高国家文化软实力和中华文化影响力"[1]。《治国理政》外交文本的英译正是逐步通往这一目标的桥梁。译文呈现出的灵活性翻译规范特征,符合外交话语传播时在政治忠实的前提下,以受众喜闻乐见的形式拉近与受众的距离,创新话语表达方式的要求。同时,融通中外话语体系的构建,还需要以读者阅读习惯和偏好为导向,充分考量中、英双语思维模式和表达习惯差异(陈明明 2014)。"除了纯粹的主观意愿之外,译者必须面临原语文本和目的语文本两套规范和习俗的制约,翻译实际上是在规范制约下的抉择活动"(廖七一 2006:56)。例如,汉语常使用有灵主动句式,即强调动作的执行者或行为的发出者;而英语倾向于使用无灵主语的句式,即强调动作或状态本身,而非执行者。此外,英语的句式结构相对更为灵活,可以通过更多的语法结构和词序的变化来表达相同的意思。因此,外交话语翻译规范的灵活性在最大程度解决中西文化及思维方式差异的同时,确保了传播效果。

就中国国情而言,在邓小平"韬光养晦,有所作为"的外交总路线指导下,中国的外交风格在过去 30 多年中保持了低调、平和的特点。因此,当代中国外交话语的翻译不仅遵循贴近中国发展实际的规范,更呈现出理性克制的主基调,从而服务于对外展示国家形象的意图。英译文本中常省略原文中具有正面积极含义的评价性话语资源。这种在翻译中对正面语义的弱化符合中国一贯以来的谦逊作风,同时尽可能消解了过于绝对化的表述使别有用心的域外受众做出"中国威胁论"等负面解读。美国《外交学者》已经有文章[2]认为中国开启了强势"战狼外交"新时代,并利用类似外交标签构建了一个更强硬的中国形象。如果将这些评价性话语资源原封不动地翻译成英文,会加剧西方对华恐惧、厌恶和抨击。此外,中国的历史文化、社会性质和当前经济发展水平,决定了其应大力加强道路自信、理论自信、制度自信、文化自信。总之,外交话语中的中国特色政治话语的翻译遵循了以我为中心的规范,保持了中国特色,表明了中国立场,维护了国家利益;而对于中华传统文化的英译多遵循忠于原文的翻译规范,在向海外传递中华优秀文化的同时,彰显了中国的文化自信,进一步塑造中国亲仁善邻、和平发展的大国形象。

6. 总结

综上所述,通过对自建《治国理政》外交文本中英平行语料库中翻译策略和翻译技巧使用特征的分析,本文发现当代中国外交话语翻译规范使用融通多元的方式在保证受众对译

---

[1] 新华社. 习近平出席全国宣传思想工作会议并发表重要讲话[EB/OL]. 网址:https://www.gov.cn/xinwen/2018-08/22/content_5315723.htm. 检索时间:2024-3-9.
[2] 网址:https://oversea.huanqiu.com/article/3zqgJiVLaoo. 检索时间:2024-3-9.

文的接受度的同时,坚持在国际上充分表达中国声音,积极输出中国文化和思想;在遵循贴合本国国情规范的基础上,呈现出理性克制的主基调,展现中国谦逊低调的外交风格;具有相对的稳定性和一致性。这些翻译规范特征主要受丛书定位、外交话语传播特性、中国国情等因素的影响。作为典型的国家文本,《治国理政》外交文本的实践性较强,导致有关对其翻译规范的研究较为薄弱。事实上,《治国理政》中收录的外交文本承载着国家外交政策及理念,其英译关系到中国声音和中国文化的传播、对外沟通的态度、国家利益的维护以及对外话语体系和国家形象的构建。因此,透过翻译策略和翻译技巧的特征重构其中呈现的翻译规范,有助于我们更好地探究当代中国外交话语翻译规范与社会文化语境、机构话语传播、时代背景等因素之间的关系。

参考文献:

[1] CHESTERMAN A. Memes of Translation: The Spread of Ideas in Translation Theory [M]. Shanghai: Shanghai Foreign Language Education Press, 2012.
[2] HERMANS T. Descriptive Translation Studies [M]//SNELL-HORNBY M (ed.) Handbook of Translation. Stauffenberg: Tuebingen, 1998.
[3] HERMANS T. Translation in Systems: Descriptive and Systemic Approaches Explained[M]. Manchester: St. Jerome Publishing, 1999.
[4] NIDA E. A. Toward a Science of Translating [M]. Leiden: Brill Academic Publishers, 1964.
[5] TOURY G. Descriptive Translation Studies and Beyond[M]. Amesterdam & Philadephia: John Benjamins, 1995/2012.
[6] TOURY G. Descriptive Translation Studies and Beyond [M]. Shanghai: Shanghai Foreign Language Education Press, 2001.
[7] 陈明明. 在党政文件翻译中构建融通中外的新概念新范畴新表述[J]. 中国翻译, 2014, 35(03): 9-10.
[8] 陈勇. 从批评话语分析视角看翻译规范的特征及其后现代性[J]. 天津外国语大学学报, 2019, 26(05): 25-34.
[9] 董雁, 马杰.《习近平谈治国理政》第三卷英文版海外传播研究[J]. 传媒, 2021, (03): 74-76.
[10] 窦卫霖, 王宇婧. 中美可持续发展官方话语分析——基于语料库的批评话语分析[J]. 商务英语教学与研究, 2011, (00): 68-78.
[11] 傅敬民. 全球结构视野下的翻译规范研究[J]. 上海翻译, 2013, (04): 11-15.
[12] 胡开宝. 国家外宣翻译能力:构成、现状与未来[J]. 上海翻译, 2023, (04): 1-7+95.
[13] 胡开宝, 李婵. 国内外外交话语研究:问题与展望[J]. 外语教学, 2018, 39(06): 7-12.
[14] 黄友义. 坚持外宣三贴近原则,处理好外宣翻译中的难点问题[J]. 中国翻译, 2004, (06): 29-30.
[15] 黄友义, 黄长奇, 丁洁. 重视党政文献对外翻译,加强对外话语体系建设[J]. 中国翻译, 2014, 35(03): 5-7.
[16] 李德超, 邓静. 传统翻译观念的逾越:彻斯特曼的翻译规范论[J]. 外国语, 2004, (04): 68-74.
[17] 李婧萍, 张威. 中国话语译介规范的演变与评价[J]. 外语学刊, 2022, (06): 15-21.
[18] 廖七一. 当代西方翻译理论探索[M]. 南京:译林出版社, 2000.
[19] 廖七一. 翻译规范及其研究途径[J]. 外语教学, 2009, 30(01): 95-98.

[20] 廖七一. 多元系统[A]. 赵一凡,张中载,李德恩主编,西方文论关键词[C]. 北京:外语教学与研究出版社,2006:53-60.
[21] 任东升,高玉霞. 国家翻译实践初探[J]. 中国外语,2015,12(03):92-97.
[22] 孙艺风. 翻译规范与主体意识[J]. 中国翻译,2003,(03):3-9.
[23] 王洪涛,王海珠. 基于图里翻译规范理论的《文赋》两英译本比较研究[J]. 外国语文,2021,37(05):110-118.
[24] 王明杰. 高标准翻译出版领导人著作——以英文版《习近平谈治国理政》为例[J]. 中国翻译,2020,41(01):36-41.
[25] 王军平,马刚. 翻译规范的概念演化及研究走向[J]. 上海翻译,2022,(02):7-12.
[26] 王运鸿. 描写翻译研究之后[J]. 中国翻译,2014,35(03):17-24.
[27] 王振华. "自首"的系统功能语言学视角[J]. 现代外语,2006,(01):1-9+108.
[28] 徐敏慧. 从翻译规范到译者惯习:描写翻译研究的新发展[J]. 中国翻译,2017,38(06):11-17.
[29] 尹佳. 从读者接受理论看外宣翻译中的读者关照——黄友义、徐明强访谈录[J]. 中国翻译,2016,37(05):76-80.
[30] 余立霞. 毛泽东诗词英译本中文化负载词翻译的对比研究[J]. 外语学刊,2016,(06):106-109.
[31] 喻旭东,傅敬民. 翻译规范本源性概念的中国诠释[J]. 外语研究,2022,39(02):66-70+89.
[32] 赵祥云. 国家领导人著作英译规范的嬗变及其动因研究——从领导人著作的标题英译谈起[J]. 上海翻译,2018,(03):52-57.
[33] 张旭. 翻译规范的破与立:马君武译诗研究[J]. 外语教学,2022,43(02):81-87.
[34] 张威,杨嘉欣. 中国政治话语"隐含叙事"的翻译规范分析——以《习近平谈治国理政》(第三卷)为例[J]. 外语教学,2023,44(05):81-87.
[35] 周忠良. 《习近平谈治国理政》海外出版影响力研究[J]. 中国出版,2019,(17):51-55.
[36] 周忠良. 《习近平谈治国理政》翻译研究:述评与展望[J]. 外语研究,2022,39(06):62-67.

The Reconstruction of Translation Norms of Diplomatic Discourse of Contemporary China — A Corpus-based Case Study of *Xi Jinping: The Governance of China*

ZHANG Chenxia　ZHANG Weilei

(Shanghai University of International Business and Economics, Shanghai　201620)

Abstract: This paper reconstructs the translation norms of diplomatic discourse of contemporary China, by analyzing the features of translation strategies and translation techniques adopted by diplomatic texts in the self-built parallel Chinese-English corpus of *Xi Jinping: The Governance of China*. The results show that flexible patterns are used to ensure the sufficiency and reception of translation of diplomatic discourse of contemporary China, and to disseminate Chinese thoughts and culture proactively at the same time, presenting China's voice while considering cultural adaptation to other countries. Based on norms that are in line with the national contexts, the translation norms of diplomatic discourse of contemporary China are dominated by the feature of being rational and behaving calmly and with control, revealing the low-profile and modest style of Chinese diplomacy. Besides, the translation norms keep relatively stable and consistent. These characteristics of translation norms are mainly influenced by factors such as the positioning of the series, the characteristics of diplomatic discourse dissemination, and the national conditions of China. As the translation of diplomatic discourse of contemporary China has a close relationship with the dissemination of China's voice, the maintenance of national interests, and the construction of international discourse system and national image, its translation norms represent the mainstream ideology and in turn react on mainstream ideology.

Keywords: diplomatic discourse; translation norms; corpus; ideology

体裁视角下的商务翻译研究

周文萱　苏晨玥

（中山大学　广州　510275）

摘　要：商务翻译用来传递商务活动中的信息，译文不仅要准确对等，还应确保可读性，能够为沟通双方建立良好关系，为企业树立好国际形象。基于系统功能语言学的话语体裁视角，本文探讨了不同交际事件对应的话语体裁的交际目的、语言特点和结构特点，提出了针对不同商务英语体裁特点的翻译策略。进而对企业社会责任报告、商务新闻稿和质量管理手册三种常见的商务体裁翻译进行了分析，探讨了如何在体裁视角下对这三种商务体裁进行翻译和再建，以提高文本的翻译质量和交际功能。本研究一方面从体裁视角推动了商务翻译的理论研究，另一方面能够为商务翻译实践和教学提供参考和借鉴。

关键词：商务英语；翻译；体裁

1. 引言

在商务翻译中，精确性尤为突出，译者需要尽可能延续原文的内涵和形态（屠国元、李志奇 2023），这要求不仅要考虑语篇中的语言和文化，还需要具备相关的商务专业知识、国际准则、语篇实现交际目的的修辞手段、交际策略和语篇组织等方面的知识。在功能对等理论中，翻译旨在保持信息完整的基础上，尽可能保持形式上的对等，在实用性强的情境下，翻译的重点先在语言传递的意义之后才是语篇形式的对等（Nida 2004；孙相文、聂志文 2013）。在目的论中，进一步完善翻译中译文与原文的对等，强调翻译方法取决于译文的预期目的和交际功能，要求译文以目标文化的方式表达源语文化的特征（Verneer 1978；黄秋雨 2015）。在语义和交际翻译中，翻译着重准确再现原文意义并使译文读者感受与原文读者相似，强调传达内在精髓（Newmark 1981）。商务翻译的精确性是在实现翻译中的形式、功能和目的对等的同时，还要保证语篇在译文语境下具有可读性和传播性，实现文本的预期目的和交际功能。

本研究在现有商务翻译研究和实践的基础上，从体裁视角提出商务翻译策略，探讨如何将商务文本中的语言知识和商务知识有效结合，建构高质量的翻译文本，实现商务翻译的功能和价值，主要探讨三个方面的内容：（1）商务话语体裁概念及种类。商务英语产生于商务活动中，每一种交际事件有其固定的话语体裁结构，这些体裁有对应的交际目的、语言特点和结构特点，如谈判、会议、调查报告等，商务语篇基于这些体裁特征和交际目的布局成篇；（2）基于文本体裁特点的翻译策略。通过对商务话语体裁知识的掌握，加深对源文本的

---

*　本论文是中山大学教学质量工程项目"体裁视角下的跨文化交际能力培养研究"（项目编号：15000-12220011）阶段性研究成果.

理解,更好地选择词汇、句型以及段落进行翻译;(3) 翻译策略在具体翻译实践中的应用。选取企业社会责任报告、商务新闻稿和质量管理手册,从英译汉和汉译英两个方面分析如何从体裁视角翻译商务文本。体裁知识不仅为译者提供一个宏观的翻译框架,也为译者在翻译中词汇的选择提供参考,提高翻译文本的创作水平,有助于实现翻译中的对等和语篇在译文语境下的交际功能。

2. 商务翻译研究综述

商务英语翻译理论和方法主要源自现代西方翻译理论,包括功能对等理论、关联理论和目的论。同时以建构主义理论、图式理论、顺应理论等作为实践理论并形成翻译策略和方法,如直译、归化策略、最佳关联策略与方法等(王森林、肖水来 2013)。在这些理论的基础上结合商务英语研究进一步提出商务翻译的概念(鲍文、梁芸 2019;王立非、李琳 2013;徐珺 2011),这些概念与商务英语的专门用途密切相关,这使得商务英语翻译和翻译研究具有通用性和特殊性,通用性是指商务英语本身作为语言交际的通用特征;特殊性是指商务翻译的译文内容蕴含企业的价值取向、文化特色和语言表达方式等多种要素,翻译既要关注词汇句法层面的转换,也强调翻译文本的传播性和传播策略。

早期的商务研究以探讨商务翻译原则和质量(鲍文 2015)为主,分析翻译如何从文学翻译的原则中走出来,如何借鉴西方的翻译理论形成自己的翻译原则;分析商务知识在翻译中的重要性并如何形成相应的翻译方法(刘法公 2004)。譬如,以商务信函为研究对象,从词汇、句法和语篇三个层面分析商务信函的体裁特征,提出商务翻译的原则和要求(高莉敏、刘金龙 2014),通过分析商务信函的语言特点,提出商务翻译的规范性、经济性与合作性原则,从而提高商务翻译的质量(慎丹丹 2014)。其中语言学、文化学视角是商务翻译研究的主流,如运用功能对等论分析直译法、意译法和变通法在实际翻译中的应用(刘江燕 2017;翁凤翔 2013;余炫朴 2014),结合改写理论分析化妆品说明书的汉英翻译方法(马晶晶 2014)。根据理论指导,不少学者从大量的翻译实践中总结出翻译策略,在跨语言的国际商务翻译研究中,译者结合功能对等理论与文化政治学为重新翻译的等效性提供了多种方法(Chidlow et al. 2014)。

近年来,商务翻译研究多关注机器辅助人工翻译(Vieira & Alonso 2020)、语料库翻译(Chen 2022;Chen 2021;Gong 2022)、翻译传播以及将微观的译者行为和文本所在的机构背景与宏观的社会语言学和语境有效整合的翻译方法(Westney et al. 2022)。这些研究有助于译者从更多的渠道获得翻译资源,提高翻译的效率和质量,也为翻译人才培养和翻译课程设置提供了很好的借鉴。通过语料收集检索为翻译决策提供依据和效度衡量标准(Chen 2022;Chen 2021;Gong 2022),同时结合机器翻译,将其与人工翻译从态度、行为和语言思维等进行比较,从而形成更高效的翻译策略和具体的实践方法(Carvalho et al. 2023)。在提出融合现代信息技术翻译方法的同时,现有研究也对翻译方法不断创新,如 Westney 等(2022)引入了翻译生态系统框架(Translation Ecosystems),将微观的译者行为和文本所在的机构背景与宏观的社会语言学和语境有效整合,通过对三种翻译类型的解读(组织翻译、知识翻译和语际翻译),形成了多层次研究,在推动商务翻译发展的同时,也进行了跨学科的尝试。当前商务翻译研究主要针对具体个案,侧重翻译文本的实用性,结合现代信息技术,这些翻译策略和方法提高了翻译的效率,也为译者提供了大量的经验和技巧。随着现代数字技术的发展,对文本的翻译能力也不断加强,文本翻译的速度和流畅度不断提高,但准确性还有很多不足。这需要译者不仅在微观层面了解语言在文本情境中的意义,还要在宏观层面了解文本的整体结构。当前的商务翻译研究多关注词汇句法层面的转换,对于特定交际目的背后体裁资源的使用,以及具体商务语境下交际目标和体裁特征的复杂性还没有引起足够的重视(徐珺、肖海燕 2016)。商务交际活动体裁丰富,翻译策略仅仅针对某一种文本在实际应用中还有诸多不足,商务体裁虽种类繁多,但具有体裁共性,这些共性的体裁知识和理论有助于译者从宏观了解商务话语的语言与非语言知识,从而形成针对相应商务体裁的翻译策略和具体方法。基于此,本研究将商务话语理论、体裁概念、体裁分析理论应用于商务英语翻译中,形成商务英语翻译框架和策略,在该框架基础上以企业责任报告、商务新闻稿和公司管理手册为例提出商务英语翻译策略。

3. 商务话语体裁

有关商务英语的研究可以追溯到 20 世纪六七十年代。这一时期,功能语言学成为商务英语研究的理论基础,它强调语言的使用是为了实现特定的功能。在此基础上,商务英语研究结合了社会语言学,探讨语言的社会属性和交际功能,认为语言的意义产生于交际过程(Lampi 1986; Mirjaliisa 1996; Bargiela-Chiappini & Harris 1997),基于不同的交际目的和任务,交际双方采用对应的话语模式、语言、社会象征符号和社会实践等(Bargiela-Chiappini et al. 2006;冯捷蕴 2013)。这些话语模式和交际方式形成了对应的商务话语体裁。通过体裁分析,可以深入研究商务英语文本的不同类型,如商务报告、邮件、广告、销售提案等,理解它们的语言特点和写作规范,有助于更有效地应对商务交际需求。

3.1 商务英语体裁概念

在语言学中,体裁概念主要来自三个学派。以 Swales(1990)为代表的特殊目的(ESP)学派将体裁定义为"一组具有共同交际目的的交际事件,交际目的是确定体裁的重要因素"。Bhatia(1993)在此基础上进一步将体裁界定为一种内部结构特征鲜明、高度约定俗成的交际事件,并指出在构建语篇时必须遵循特定的体裁准则。在既定的体裁框架内,使用者通过语言传达个人意图和交际目的。系统功能学派将体裁定义为"一种有步骤的、以交际目的为导向的社会交往活动过程"(Martin 2009),体裁可以被视为一种符号系统,用来构建特定类型的语篇结构,后者可以反映社会交往的本质,即在社会互动中,人们的交流通常呈现出一定的模式和重复性。新修辞学派认为,体裁是一种社会行为的表现形式(Miller 1984)。尽管上述三种概念存在一些差异,但本质上都强调体裁的社会交往特点。ESP 学派突出了语言实践与交际目的的共同驱动作用,不仅反映了特定的交际需求,还体现了在特定领域或社交场合中,语言如何被用来有效地传达信息、达成共识或实现交际目标。系统功能学派的概念关注于体裁中的互动性、顺序性以及与特定语境之间的密切联系。新修辞学派将文本置于文化语境中来理解其意义,强调体裁反映并且塑造社会和文化现实。商务英语体裁研究有助于理解、分类和分析商务英语的使用,为实现有效商务沟通提供了可行的交际策略。

3.2 商务英语体裁种类

结合商务英语的特征和三个学派对体裁的定义,不同的商务交际事件对应的书面语篇体裁如:电子邮件(email)、报告(report)、备忘录(memo)、简报(newsletter)、手册(handbook)、新闻发布稿(press release)、会议日程表(meeting agenda)、物流追踪单(inventory trackers)、简历及附信(resume and cover letter)和投诉回复信(responses to customer complaint letters)等。基于这些语篇体裁的一些共性,这些商务体裁可以分为,信函类(如电子邮件、简历附信、投诉回复信、物流追踪单等)、报告类(如企业年报、社会责任报告、产品质量报告、创业计划书等)、手册类(公司安全管理手册、公司质量管理手册)、新闻类(新品发布、简报)、口头汇报类(商业新闻、会议发言、商业访谈、商业汇报等)和摘要类(会议备忘录、执行概要、数据评述等)。

3.3 商务英语体裁特点及翻译策略

不同的商务体裁在语言、内容和结构特点上并不是互相独立的,彼此之间有重叠之处,如都会涉及摘要写作、图表数据描述、过程描述等。同时,也有各自语言和结构差异,包括第一人称的问候性句式,突出情感表达、建立关系型的语句,也包括陈述重要信息,突出内容客观、中立、准确性的表达。每种体裁都有其独特的表达方式和规范,从而满足特定交际需求和读者预期,这些体裁中语言共性的特征为商务翻译提供了参考和相适应的翻译策略。

在商务信函中,经常出现如"I am contacting you for the following reason."(由于以下原因特此和您联系。)、"I recently heard about … and would like to …"(我最近听说了关于……的事情,并希望能够……)语言常用第一人称的陈述句,一般现在式和情态动词较多,语气礼貌委婉。汉语中经常使用"您""希望能够""刚刚听说"等,有时还会加入一些汉语中的特定礼貌用语,如:I have pleasure in forwarding this sample to you. 翻译为"欣寄样品一份。"省略翻译了"I",与汉语文化背景的礼貌表达呈现一致。

在商务报告、手册和书面新闻报道中则第三人称使用较多,语气客观、中立。例如:"This report was produced in response to the results of a recent customer survey."翻译为:"这份报告是根据近期的一项客户调查结果。"在这里,为体现语气的肯定性,将"in response to"翻译为"根据"。

同时,翻译中体现文化的对等,汉语中的高语境文化,信息涵盖于情境中,因此在翻译时对细节信息的处理可根据上下文来处理。例如:"This article covers essential do's and don'ts that have recently changed."翻译为"本文涵盖了近期的一些关键行为准则,以供大家参考。"这里将"do's and don't(可以做和不可以做的事情)"直接概括翻译为"关键行为准则",符合汉语的简洁习惯。类似情况如:"The 1 000 electric toothbrushes you ordered on July 21st will be delivered on August 1st."这句话选自一封回复信,回复对方发货信息,是信函的第一句话。汉语翻译为"我方将尽快发货",具体发货日期和货物的翻译可通过备注的方式标注在译文中。在真实的翻译情境中,翻译不可避免地会遇到文化不对等、词汇不对等、表达方式不对等等困境,因此,翻译的过程也是解决问题的过程,包括理解问题、表达问题和变通问题(李长栓 2020:8-9)。

对于重要的人名和职位,在汉语翻译中也出现在首位,突出人物的重要性和关键性,如"Doug Ivester, the chief executive officer of Coca-Cola Co., resigned Sunday amid disagreements with the board about the future direction of the company.",译为"艾华士(原可口可乐公司首席执行官)已于周日辞职,其个人对公司发展的见解与董事会观点存在分歧。"源文本中的内容是报道某人离职信息,在翻译的过程中,译文与原文在内容和形式上基本是一致的,对等地翻译原文中的信息顺序。

4. 体裁视角下的商务翻译

翻译之前,首先要清楚翻译文本的体裁是什么,了解该体裁的概念、交际目的、语言特点与结构特点,在此基础上完成文本的阅读和翻译任务。基于此,本论文选取商务交际情境中公开发布的三种体裁进行分析,这三种体裁结构和内容差异较大,但都具有塑造企业社会形象的功能,分别是企业社会责任报告、商务新闻稿和质量管理手册,通过对这三种文本体裁的解读探讨商务英语翻译策略。

4.1 企业社会责任报告翻译

企业社会责任报告(Corporate Social Responsibility,简称 CSR)是一份面向企业内部和社会的文件,用于传达企业在社会责任方面的努力,包括企业对社会人文环境和自然环境的影响、企业的社会反应能力、社会绩效、政策和商业道德,具体分为四类,分别是:环境、道德、慈善和经济(Bhatia 2012)。针对不同公司的性质,CSR 的侧重点也会有所不同,一些环境敏感的企业如:制造业、化学品和公用事业等,在 CSR 中要提供专门的信息以供评估该公司是否遵守合法化政策(Everaert et al. 2009),这些句式多以动宾结构,如"Sharing enhanced information about our efforts on water conservation, including our collaborations on water stewardship, how we assess water risk, and site-specific strategies."翻译为"时刻分享我们在保护水资源方面所取得的成果,这些成果包括我们在水治理方面的合作、水源风险评估方法方式以及特殊地区保护战略。"通过对 CSR 的体裁分析,了解到 CSR 的写作重点是强调公司做了什么事情、取得什么成果,因此"water conservation"翻译为"保护水资源"的动词短语,而不是"水资源保护",用动词翻译强调所做之事,"efforts"翻译为"成果"而不是"努力",突出取得的成绩。在具体的成绩方面,多以数据的方式呈现,如"Absolute reduction in corporate-wide greenhouse gas emissions by approximately 20% (or approximately 23 million metric tons)."译为"企业温室气体排放量彻底降低了 20%(约合 2 300 万公吨)。"原句是通过数字说明企业取得的具体成绩,如果翻译为"企业温室气体绝对减排量约 20%(约合 2 300 万公吨)。"容易理解为企业的温室气体排放量的数据描述和报道,弱化了企业成果意义,结合 absolute(完全的、彻底的)来进行翻译,凸显公司在这方面取得的成果。

除了语言和内容上的体裁特征,翻译的时候还应包含 CSR 的整体体裁结构,以确保译文整体的连贯性和衔接,实现文本体裁在不同语言情境下的交际功能。企业社会责任报告内容框架包括:(1)愿景与目标(vision and goals);(2)管理方法(management approach);(3)绩效指标(performance indicators)(Everaert et al. 2009)。报告的内容要体现公司对社会和环境的责任,并且能够体现在其运营过程中(Adams 2002),全面的报告是证明问责制需要满足的条件之一(Adams & Harte 1999)。因此,在译文中要突出 CSR 的交际目的,包括公司在环境保护、建构社会关系和慈善投入等方面的具体策略,策略的使用和取得的成绩,从而实现翻译中的形式、意义和功能上的对等。

4.2 商务新闻稿翻译

商务新闻稿(business press releases)是公司用来发布新产品、新服务、新政策、特别活动(如分公司开业、公司周年纪念、合并和盛大开业)、管理层变动、赞助社会活动和文化项目的宣传性语篇,其目的是向公众推广企业产品、文化,并树立良好的社会形象(Alred et al. 2007),投资者也通过企业的新闻稿了解企业发展动向和当前市场信息(Bushee et al. 2010)。

商务新闻稿语言特点与新闻写作相似,语言简洁清晰,通常开头呈现新闻事件中的"五个 W",即"人物(who)、事件(what)、地点(where)、时间(when)、原因(why)"。如"The season of love is upon us and no matter the location, customers around the world can add a lovely twist to their Starbucks routine."这篇新闻稿报道的是星巴克咖啡店将在情人节推出新的混合饮料,通过这篇新闻稿进行宣传。这里"The season of love"是指情人节,customers around the world 是指每一位顾客,a lovely twist 是指星巴克在情人节推出的一种将粉色奶油和咖啡巧克力混合在一起的新饮品。原文中为了凸显产品的特殊性,用"a lovely twist"吸引读者的注意力,具有双关性,因此在翻译的时候译文也应凸显这一特色。"twist"作为名词本身有"扭曲、转折"的含义,本句可译作"情人节将至,无论你身在何方,星巴克新品为你带来爱情运"。在语言方面,原文用一个长句表达,汉语中多用短句使内容简洁,因此在翻译中将原句分成四个短句,同时,译文内容加入"新品"突出对新产品的宣传。

商务新闻稿的内容结构是"倒金字塔"(inverted pyramid)式,最重要的内容,即新闻中的"五个 W"在开头,次重要的内容和细节在后,以此类推。对于产品细节的介绍,如新品咖啡的具体名称、人物的访谈、事件背景介绍等都在后面呈现。因此首段的翻译十分重要,好的翻译才能够实现新闻稿的交际目的,吸引读者继续阅读。而对于后面的细节信息,在翻译中要语言简洁,引文要突出说话人话语特色,体现人物和事件的背景。

4.3 质量管理手册翻译

质量管理手册又被称为质量手册(Quality Manual),是组织为确保其产品或服务持续满足顾客期望及法规要求而制定的关键文件。手册中详细阐述了组织的质量管理系统(QMS)的政策、程序和要求,为实现有效质量管理提供核心指南。质量手册的主要受众是组织内部员工,帮助规范和统一工作思维、工作语言和工作行为。

国际标准化组织(International Organization for Standardization)的 ISO 9001 标准是质量管理系统的国际认可标准。企业的手册编写委员遵循 ISO 9001 标准,确保其质量管理手册反映了所有相关的质量管理活动,并能够适应组织的变化和成长。其中 ISO 10013:1995《质量手册编写指南》(*Guidelines for Developing Quality Manuals*)提供了详细的建议和框架,帮助组织制定个性化需求的质量管理手册。此外,质量手册必须要符合行业要求规范,例如在民航领域,质量手册的内容需要遵守国际和本国航空局方(如 EASA、FAA、CASA 等)的法律、法规和标准。

质量管理手册的专业化程度高,受众读者往往具备一定的背景知识,专业术语具有单一释义的特点,即一个专业术语对应一个国际通用的汉语译语,否则就违背了商务英语术语翻译中的术语对等(terminology equivalence)的原则(龙仕文、卢春丽 2010)。例如,在翻译"向 CAAC 申请新能力,需要编写申请总结报告,报告包含对人、机、料、法、环的情况总结"时,"人、机、料、法、环"概念源自 5M1E 分析法,即人(Man)、机(Machine)、料(Material)、法(Method)、度量(Measurement)和环境(Environment),这是一种识别和分析产品质量波动主要原因的方法论,涵盖了六大关键因素。企业在实际应用中,需要根据具体需求和情境,选择性地侧重于"度量"或"环境"因素,以确保质量管理的有效性和针对性。

质量管理手册属于技术手册中的一种类型,句子常出现典型的"施事+动作+受事"结构(张建伟、李成静 2016)。译者需要厘清涉及动作的多方关系,例如,"对于供应商提供的器材或服务存在质量问题,质量安全部发起索赔调查,向客户发送 AKSOP – 33F03 检查报告。"译为"Should the equipment or service provided by the vendor exhibit quality issues, the Quality and safety Department will initiate a claims investigation, send the AKSOP – 33F03 inspection report to the customer."翻译以条件语态"Should the equipment or service provided by the vendor exhibit quality issues"开始,保留了条款的正式特点,清晰地传达了在何种条件下将采取后续的行动,而主句的翻译使用主动语态,使文本信息的传达更加高效。

质量管理手册的主要特点是对构成管理体系的各个要素都进行了系统性的分章阐述。每一章节均细致划分并包含以下几个部分:首先是目的与适用范围,明确章节的核心意图及其适用的业务或流程边界。其次,明确指定负责和执行该要素的部门,确保职责分配的清晰。此外,手册详细规划开展相关活动的具体时机、地点以及所需资源的保障措施,保证活动的顺利执行。最后,列举支持性文件,为活动的有效实施提供必要的文档支持和指导,以及当不符合情况发生时采取的纠正措施和预防措施。同时,质量管理手册的标题层次繁多,旨在向读者提供明确的指导信息,以便他们在需要时快速找到对应的内容。因此,在翻译时,译者需要尽可能还原翻译后的信息,按照原布局呈现,以便读者能够接收到与源语读者相同且有效的信息。

5. 结语

随着信息技术的发展,对译文的质量要求在不断提高。当前的人工智能技术提升了翻译的速度和译文的流畅性,其功效如何,缺少第三方鉴定,更缺少专题研究结果佐证,由于其易于操作和开发公司的宣传,让更多的人盲目使用,然而其准确性还有待商议(刘法公,2022),因此对细节的准确性和整体文本结构的建构还需要译者进一步翻译和编辑。商务翻译不仅是对源文本的语码转换,也是语篇的再创造,翻译的目的是对源语篇有效的推广和传播,实现原文的交际目的和社会功能。在翻译过程中,通过对商务文本体裁知识的解读,有助于译者了解文本的交际目的、语篇整体结构、语言特征,形成对应的翻译策略和翻译实践,这将有助于实现翻译中的"对等"和语篇在译文语境下的再建构。

本文通过探讨商务话语体裁特征,提出了商务翻译策略,通过 CSR、新闻稿和质量管理手册三种常见公开使用的商务体裁翻译进行简要分析,探讨了如何在体裁视角下对文本进行翻译和再建,提高文本的翻译质量和文本的交际功能,为商务翻译实践和教学提供更多的参考和借鉴。本文更多从微观语言细节探讨翻译案例,限于篇幅,在宏观语篇结构建构方面并没有给出具体的实例,这些还需要借助语料库等定量和定性分析方法进一步探讨语篇的体裁结构特征,这也是后续将要探讨的内容。

参考文献：

[1] ADAMS C A. Internal organisational factors influencing corporate social and ethical reporting: Beyond current theorizing [J]. Accounting, Auditing & Accountability Journal, 2002(2), 223 – 250.

[2] ADAMS C A., HARTE G. Towards corporate accountability for equal opportunities performance [R]. ACCA Occasional Research Paper, No. 26 (Certified Accountants Education Trust, London), 1999.

[3] ALRED G J, BRUSAW C T, OLIU W E. Handbook of technical writing [M]. 北京：中国人民大学出版社, 2007.

[4] BARGIELA-CHIAPPINI F, HARRIS S J. Managing language: The discourse of corporate meetings (Vol. 44)[M]. Amsterdam & Philadephia: John Benjamins Publishing, 1997.

[5] BARGIELA-CHIAPPINI F, NICKERSON C, PLANKEN B. Business discourse [M]. Basingstoke, Hampshire, UK: Palgrave Macmillan, 2006.

[6] BHATIA V K. Analysing genre: Language use in professional settings[M]. London: Longman, 1993.

[7] BHATIA V K. Critical reflections on genre analysis [J]. Ibérica, 2012, 24(24): 17 – 28.

[8] BUSHEE B J, CORE J E, GUAY W, et al. The role of the business press as an information intermediary [J]. Journal of Accounting Research, 2010, 48(1): 1 – 19.

[9] CARVALHO I, RAMIRES A, IGLESIAS M. Attitudes towards machine translation and languages among travelers[J]. Information Technology & Tourism, 2023, 25(2): 175 – 204.

[10] CHEN J. Analysis of intelligent translation systems and evaluation systems for business English [J]. Journal of Mathematics, 2022, (1): 1 – 7.

[11] CHEN L, ZHU H. Being "geek" in digital communication: The case of Chinese online customer reviews [J]. Circulo de linguistica aplicada a la comunicacion, 2021, (86): 135 – 148.

[12] CHIDLOW A, PLAKOYIANNAKI E, WELCH C. Translation in cross-language international business research: Beyond equivalence [J]. Journal of International Business Studies, 2014, 45(5): 562 – 582.

[13] EVERAERT P, BOUTEN L, LIDDEKERKE L V, MOOR L D, CHRISTIAENS J. Discovering patterns in corporate social responsibility (CSR) reporting: A transparent framework based on the global reporting initiative's sustainability reporting guidelines [Z]. Working Papers of Faculty of Economics and Business Administration, Ghent University, Belgium, 2009.

[14] GONG J. Analysis and application of the business English translation query and decision model with big data corpus [J]. Security and Communication Networks, 2022, No. 2714079.

[15] LAMPI M. Linguistic components of strategy in business negotiations [M]. Helsinki: Helsinki School of Economics, 1986.

[16] MARTIN J R. Genre and language learning: A social semiotic perspective[J]. Linguistics and Education, 2009, 20(1): 10 – 21.

[17] MILLER C R. Genre as social action[J]. Quarterly Journal of Speech, 1984, 70(2): 151 – 167.

[18] MIRJALIISA C. Business negotiations: Interdependence between discourse and the business relationship[J].

English for Specific Purposes, 1996, 15(1): 19-36.

[19] NEWMARK P. Approaches to translation (Language Teaching Methodology Series) [M]. Oxford, UK: Pergamon Press, 1981.

[20] NIDA E A. Toward a science of translation [M]. Shanghai: Shanghai Foreign Language Education Press, 2004.

[21] SWALES J M. Genre analysis: English in academic and research settings [M]. Cambridge: Cambridge university press, 1990.

[22] VERNEER. A framework for a general theory of translating [M]. Heidelberg: Heidelberg University Press, 1978.

[23] VIERIA L N, ALONSO E. Translating perceptions and managing expectations: an analysis of management and production perspectives on machine translation [J]. Perspectives — Studies in Translation Theory and Practice, 2020, 28(2): 163-184.

[24] WESTNEY D E, PIEKARRY R, KOSKINEN K, TIEZE S. (2022). Crossing borders and boundaries: Translation ecosystems in international business [J]. International Business Review, 2022, 31(5): 102030.

[25] 鲍文. 商务英汉/汉英翻译宏观策略研究[J]. 解放军外国语学院学报, 2015(05), 20-25.

[26] 鲍文, 梁芸. 理论、实践与教学: 中国商务英语翻译研究20年[J]. 中国翻译, 2019(02), 111-119.

[27] 冯捷蕴. 商务话语研究的回顾及其展望[J]. 中国外语, 2013(06), 44-52.

[28] 高莉敏, 刘金龙. 商务英语信函的文体特征及其翻译[J]. 中国科技翻译, 2014, 27(3): 5.

[29] 黄秋雨. 基于功能翻译理论的商务英语翻译探讨[J]. 当代教育实践与教学研究, 2015(08), 99-100.

[30] 李长栓. 如何撰写翻译实践报告: CEA框架, 范文及点评[M]. 北京: 中译出版社, 2020.

[31] 刘法公. 商贸汉英翻译评论[M]. 外语教学与研究出版社, 2004.

[32] 刘法公. 对当前流行机器翻译软件的理性思考与评价[J]. 商务英语教学与研究, 2022, 26-38.

[33] 刘江燕. 从功能理论视角谈专门用途英语"零对等"翻译模式及原则[J]. 海外英语, 2017(03), 112-114.

[34] 龙仕文, 卢春丽. 功能对等理论下的商务英语词语的汉译探析[J]. 西南民族大学学报(人文社会科学版), 2010, 31(S1), 196-199.

[35] 马晶晶. 改写在商务翻译中的应用——以化妆品说明书汉英翻译为个例研究[J]. 湖北科技学院学报, 2014, 34(06), 141-142+163.

[36] 慎丹丹. 商务信函翻译探究[J]. 上海翻译, 2014(01), 24-27.

[37] 孙相文, 聂志文. 基于功能翻译理论的商务英语翻译研究[J]. 北京航空航天大学学报(社会科学版), 2013, 26(03), 83-86+116.

[38] 屠国元, 李志奇. 论译者的写作过程[J]. 外语教学, 2023, 23(44), 6.

[39] 王立非, 李琳. 我国商务英语研究十年现状分析(2002—2011)[J]. 外语界, 2013(04), 2-10.

[40] 王森林, 肖水来. 商务英语翻译[M]. 武汉: 武汉大学出版社, 2013.

[41] 翁凤翔. 论商务英语翻译的4Es标准[J]. 上海翻译, 2013(01), 34-38.

[42] 徐珺. 评价理论视域中的商务翻译研究[J]. 解放军外国语学院学报, 2011, 34(06), 88-91+109.

[43] 徐珺, 肖海燕. 基于批评体裁分析(CGA)的商务翻译研究[J]. 中国外语, 2016, 13(04), 20-28.

[44] 余炫朴. 尤金·奈达的"功能对等"翻译原则在商务英语翻译中的应用考量[J]. 江西师范大学学报(哲学社会科学版), 2014, 47(05), 140-144.

[45] 张建伟, 李成静. 技术手册译者研究能力的培养[J]. 中国科技翻译, 2016, 29(03), 1-4.

Research on Business Translation from a Genre Perspective

ZHOU Wenxuan   SU Chenyue

(Sun Yat-sen University, Guangzhou   510275)

Abstract: Business translation is used to convey information in business activities. The translation should not only be accurate and equivalent, but also ensure readability, which can maintain a good relationship for both parties and establish a good social image for the enterprise. Based on the study of discourse genres in systemic functional linguistics, this study explores the corresponding discourse genres for different communicative events, each with its corresponding communicative purpose, linguistic features, and content structure. On the basis of interpreting the genre of the source text, it helps translators better understand the content of the text, choose appropriate language in translation, construct the overall discourse structure, and develop translation strategies. Exploring business translation from a genre perspective is not only about achieving equivalence between the source text and the translated text, but also about reconstructing the discourse, allowing it to reach to its original communicative purposes in the context of the translated text.

Key words: business English; translation; genre

语域理论视角下故宫博物院景点介绍牌新旧译本对比研究

程思瑾　蒋秀娟

(上海对外经贸大学国际商务外语学院　上海 201620)

摘　要：景点介绍牌是承载旅游景点历史、文化等信息的文本，其翻译能让外国游客对当地文化有更深的了解。故宫博物院是我国最具代表性的景点之一，历史悠久，文化积淀深厚。本文选取故宫博物院景点介绍牌的新旧两版译本，从韩礼德的语域理论及其三要素视角进行对比分析，探究在中国对外发展的不同时期，带有较强文化色彩的景点介绍词在语场的信息传递、语旨与读者的关系和语式的逻辑衔接方面的翻译策略。

关键词：语域理论；故宫博物院；景点介绍牌

1. 引言

随着世界的联系越来越紧密，跨文化沟通变得越发重要，与此同时，各国人民对于他国的文化也产生了更多兴趣，这为旅游翻译的发展提供了机遇。通过翻译能使各国和地区的文化更广泛地传播，加强人民之间的了解，促进人文交流。

旅游翻译种类繁多，包括导游解说词、景点介绍、博物馆解说词、旅游指南、旅游宣传册、景点景区指示说明牌和旅游商品名称与说明等（杨红英 2012）。Reiss（2004）认为景点介绍牌是一种兼具信息类（informative）和表达类（expressive）的文本，其最主要的目的是向游客介绍该景点，并借此宣传中国的历史、文化特色。主要内容一般包括：景点的历史变迁、主要构造、功能和意义等。因此，在此类文本中，信息是最核心的内容，而在其中也不乏优美的描述性语句，故而也属于一种表达类的文本。除此之外，景点介绍牌的另一大特点在于，游客可以结合眼前的景象以及介绍牌上的文字对该景点有更深入的认识，而非单纯通过文字去向游客传递信息。这也使得译者在翻译的过程中，可以在文本信息的具体内容基础上加以灵活处理，以尽量在有限的空间内将源语的信息完整生动地传递给目的语读者。

故宫作为我国最具代表性的旅游景点之一，承载了我国深厚的历史与文化积淀，因此故宫博物院很大程度上也承载着向外国友人推广我国历史文化的功能。2014 年，故宫博物院对各景点介绍牌进行了改版，本文将选取新旧两个版本，从韩礼德（M.A.K Halliday）的语域理论入手，分别从语场、语旨、语式三方面对故宫博物院的景点介绍牌翻译进行分析，找出这类文本的常用翻译手段，以期对未来此类文本的翻译有一定的借鉴意义。

2. 语域理论

对于语域，学者们有许多不同的定义。本文主要将以韩礼德的语域理论为基础进行探讨。Halliday 和 Hasan(1985：41)认为语域是一个语义概念,是与某一特定的话语范围、话语方式和话语基调情景组合相关的意义组合;这也就是我们通常所说的语域的三个变量：语场(field)、语旨(tenor)和语式(mode)。根据韩礼德的理论,语场主要表达了正在发生的社会行为的本质、参与者所从事的事情,其中语言是不可或缺的成分(Halliday & Hasan 2012：12)。语场承担着语义系统的概念功能(ideational function),语旨即角色结构,指参与者是谁以及参与者之间的关系和地位,语旨也对应了语义系统中的人际功能(interpersonal function)。语旨可通过权势关系、接触密度和亲切程度等方面来反映,主要用来区分正式和非正式两类情景(Eggins 1994：64)。而语式则表示语言所起到的作用,具体指参与者希望语言起什么作用(Halliday & Hasan 2012：12)。语式通过语篇功能表达,主要体现在口语和书面语的区分。口语依赖语境,句子结构松散,动态,使用日常词汇,句子的语法不标准。书面语不依赖语境,多使用纲要式结构的句子,使用权威性的词汇,句子语法标准(Eggins 1994)。但大多数情况下,口语和书面语都不是泾渭分明的,具体仍需结合语境、用词,以及交际的目的来进行判断。

三个变量彼此之间相互影响,不可分割。比如,语旨的正式性程度取决于语场所涉及的主要内容以及呈现的形式是书面还是口语,但同时,语旨参与者的关系也会影响内容的用词和呈现形式两个方面。此外,语境和语言也是互为前提,相辅相成(李有华 2009)。韩礼德所提出的这三大变量为三大元语言功能,即概念功能、人际功能和语篇功能,提供了情景语境,相反,从语义结构也能推测到可能的语境。因此,译者在翻译过程中须同时通过三种语言功能考虑三大变量,展开较为全面的分析。

3. 语域理论视角下故宫博物院景点介绍牌新旧译本对比

3.1 语场分析

语场决定了交际的主题,对应语义体系下的概念功能,在文本中体现在词汇系统和及物性系统中(Halliday 1985)。

3.1.1 词汇选择

景点介绍牌有其自身的特点。首先,景点一般分为自然景观和人文景点,相比自然景观,人文景点包含更多的历史和文化信息(张凯航 2012)。而本文所讨论的故宫博物院属于人文景观,其词汇中存在较多文化负载词,它们承载着一个国家的社会、历史、宗教、文化等多种元素,因此对于文化负载词的翻译需要做到既能传递信息,同时也能传播中华文化。一般主要有两种处理方式,一种是归化,对于难以令人理解的负载词进行省译或文化过滤的方式,以传达信息的目的为主;另一种则是异化,主要采用增译和括号加注的方式,既采用符合西方表达的方式,也保留中国的传统文化元素。具体采用哪种策略,需要根据具体语境决定。例如：

[1] 每年元旦、冬至、万寿(皇帝生日)三大节以及<u>皇帝登基、大婚、册立皇后、宣布/进士名次、命将出征</u>等重大活动都在此举行。(摘自"太和殿")

旧版：During the Ming and Qing Dynasties, important ceremonies and celebrations were held at Tai He Dian, such as the lunar New Year, the Winter Solstice, the birthday of the emperor, <u>the enthronement of a new emperor, installing an empress, announcing the names of successful candidates in official examinations and sending generals out to battle.</u>

新版：Important events organized here included celebrations for the New Year, the winter solstice, and the emperor's birthday, <u>enthronement ceremonies, imperial weddings, the coronation of empresses, the announcement of the Palace Examination results, and the launching of major military expeditions.</u>

此处对于多个文化负载词，两个版本皆采用了文化过滤的方式，并没有保留其汉语拼音，因为这里列举了大量在太和殿进行的活动，如果在翻译所有文化负载词时对于如"登基""进士"等词均进行加注解释的话，会使得译文更长，并且会让游客在阅读时产生信息不连贯的感觉，不利于信息的表达和传递。

对比两个译本，由于这毕竟是故宫博物院的景点介绍牌介绍，用词应较为严谨正式，新版在一些表述上会采用简单大气的词，如"the launching of major military expeditions"比"sending generals out to battle"更有一种恢宏之势。旧版中也有个别表达不够准确，如"install an empress"，"install"在英语中是对于一些高官和职位的任命，但册立皇后在中国历史上是皇室的一种仪式，因此采用"coronation"（加冕礼）更能引起外国读者共鸣。

总的来说，两者都采用了文化过滤的方式，但新版的表述更为简洁正式，通过东西方历史上都可能存在的表达，既可以让游客迅速了解太和殿的功能，也能引起他们的共鸣。

此外，汉语用词讲究对仗工整，善用四字格，但对于英语，可能达到风格和形式上的对等会较为困难，在这种情况下，译者通常会选择保留其主要内容和主体，而适当放弃形式上的对等。例如：

[2] 明代铜缸两耳均加铁环，样式<u>上奢下敛，古朴大方</u>。（摘自"铜缸、铁缸"）

旧版：Each of the Ming Dynasty vats has two iron rings, <u>ancient, simple and natural.</u>

新版：Ming copper vats feature iron rings on the two ears, <u>a wider upper body with a narrower base, and a simple yet elegant style.</u>

汉语表达注重形式和美观，但英语更重表意，且作为景点介绍，其主要目的是要让游客了解，因此两个版本都采用了更直观的翻译方式，游客可以看着眼前的物品，再结合介绍，就会有更立体的了解。

但对比两个译本，旧版直接省去了"上奢下敛"这一形态上的描述。汉语里"奢"表示"夸张""夸大"，而"敛"则表示"收拢"的意思，因此从形态上可以想象，它类似于碗的形状。这四个字生动形象地展现出了明代铜器的造型，不宜省去，故新版的处理方式更佳。对于"古朴大方"四个字的处理，虽然汉语中含有"古"字，但作为明代的铜器，本身就是古老的，没有必要加上"ancient"，而旧版的"natural"一词也过于中性，无法体现其特点。结合前面对形象的描述,这里的"大方"也更符合"典雅"的意象,因此"elegant"是较为合适的译法。可见,新版补充了原先省去的形象描述,并且对其特点的描述也更为贴切。

3.1.2 及物性系统

及物性系统包括过程、参与者与环境三个元素。每个过程都存在对应的参与者。其中,过程包括物质过程、心理过程、关系过程、行为过程、言语过程和存在过程六大过程(彭宣维1999)。

景点介绍牌一般都会客观阐述有关该景点的信息,比如其历史背景、功能、建造材料、意义等等,而很少描述主观感受,因此在这类翻译中,绝大多数为物质过程、关系过程和存在过程,心理过程、行为过程和言语过程则较少出现。

这里仅以故宫博物院景点介绍牌中较常见的存在过程为例。

[3] 前殿悬挂有清乾隆皇帝御笔"懿恭婉顺"匾。(摘自"翊坤宫")
旧版:A board with an inscription written by Empress Qianlong hangs in the front hall.
新版:There is a horizontal tablet hanging in the front hall bearing an inscription in the Qianlong Emperor's handwriting:"*Yigong wanshun*"(obedience and grace).

"存在过程体现的是某些事物的存在或发生"(彭宣维 1999:250)。存在过程的参与者称作"存在物"。这句汉语的"悬挂"在该语境下表示匾额持续存在的状态,因此属于存在过程,参与者则为"清乾隆皇帝御笔'懿恭婉顺'匾",而环境则为"前殿",作地点状语。但从译本来看,虽然保持了源语的存在过程,但在结构上差异较大。旧版省略了"懿恭婉顺"四个字的翻译,按照参与者、过程和环境的顺序进行翻译,但这种处理方式一方面会造成头重脚轻的结构,另一方面,翊坤宫作为后妃的寝宫,"懿恭婉顺"的匾额体现了其重要性,省去是不恰当的。而新版的译本采用了"there be"的句型来表现其存在过程,用分词作定语,将"懿恭婉顺"的内容也同时用了汉语拼音和英语解释的方式翻译出来,既用英语较为地道的语法结构保留了源语的信息和内容,同时也起到了传播历史文化的作用。

最后,环境在景点介绍牌中多以时间和空间的形式出现。时间上,一般皆为年号纪年法,两版翻译基本都采用先写出年号,再在括号中标出具体年份的方式,如果文本本身只是强调时间为主,两版都只写出时间和朝代,而省略年号,以传递时间信息的目的为主。而对于空间的翻译,一般在英语中都会作为状语置于句末,只有在少数强调地点的情况下,或在该语境下,地点是整个语段的核心,在这类情况下,地点会被前置。

3.2 语旨分析

语旨表现了交际行为参与者的身份、双方的关系和交际意图,通过人际功能得以体现(Halliday 1985)。通常语旨会通过用词的正式度和语气来体现。但由于景点介绍牌中的内容多为客观陈述,表现语气的情态动词和形容词较少,因此下文着重从词汇正式度进行论述。对于故宫博物院的景点介绍牌,其交际双方分别是博物院和游客,而译者则是双方之间的桥梁,译者的用词和翻译策略一定程度上决定了交际双方的关系。故宫博物院的景点介绍牌旨在介绍中国历史和文化，同时吸引更多游客；同样，外国游客希望更多了解中国的文化。基于这样的交际意图，译者在翻译时，其用词的正式度会随之变化。

在涉及中国特有的文化负载词，如每个景点的翻译，两个版本在翻译时都会采用保留汉语拼音再加上对应的英文含义的方式，凸显中国文化的特殊性和正式性。另外，新版译本对于中国的书籍和思想也用了同时保留中文和英文表达的方式，而旧版只有英语的版本。比如在新版中，《周易》译作 The Book of Changes (*I Ching* 或 *Yi Jing*) ，"无为"则是"non-action (*wu wei*, a key Daoist principle) "。笔者认为，由于近年来，中国对文化推广越发重视，故宫博物院作为展现中国历史文化的场所，为展现其对中国文化的重要性，新版的翻译都做了两版的翻译。同时，新版译文将英语中的表达放在括号外，作为句子的主体，而将拼音置于括号内作为加注，也可以看出译者在达成两种目的之余，也尝试通过这样的方式拉近和西方游客之间的距离。

另一方面，故宫博物院的景点介绍牌读者是对故宫感兴趣的中外游客，目的在普及景点文化历史，在一些日常情境中，译者会采用较为通俗的小词，引起游客共鸣。

[4] 斋前山石遮障，上层回廊四出，环境秀丽优美，清嘉庆、道光两帝曾时幸这里休息读书，民国初年，英国人庄士敦曾在这里教授逊帝溥仪英文。(摘自"养性斋")

旧版、新版：This study has secluded and beautiful surroundings. Emperors Jiaqing and Daoguang of the Qing Dynasty came here very often to have a rest or a read. It was also here that sir Reginald Johnston, an English man, gave English lessons to the abdicated emperor Pu Yi.

本句两个版本的翻译一致，两版都只是描述了养性斋外的整体环境和氛围，而没有具体翻译"山""石"等景象。由于游客本身就身在景点之内，他们可以看到眼前的景象，因此只需要概括这里的环境即可，故译者用了"secluded"和"beautiful"这样较为朴实的语言进行翻译，而并非字字落实。此外，"休息读书""教授英语"也用了较为平实日常的语言。在描述这些历史时，使用一些相对不那么正式的词汇，也可以营造一种日常生活的氛围，符合"养性斋"本身修身养性的气氛，亦可拉近和西方游客之间的距离。

不同的交际目的和内容会影响翻译的策略，同时，译者可以通过翻译策略和翻译的用词来调整与目的语读者之间的关系，在保证源语内容较为完整传达的基础上，也能拉近与游客之间的距离，起到吸引游客的作用。

3.3 语式分析

语式是语言的载体形式，即语言交际的媒介或渠道。语式承担了语篇功能，与语言的内部结构息息相关，主要体现在主位系统和衔接两方面(胡壮麟等 1989)。

3.3.1 主位系统

首先，主位是信息的出发点，是句子的开端。汉语和英语的表达方式大相径庭。英语有较为严格的语法规则，由主位和述位组成，而汉语常常是以话题开启，先抛出主题，然后进行描述或论述。因此,在翻译过程中,常会出现主位变化的问题。而在汉译英时,由于中文是高语境的语言,常常会省略主语,因此在翻译的过程中,如果前后分句的主语不同,译者也需及时补充主语,以保证西方游客能正确理解其含义,例如:

[5] 十年纂修一词的皇帝家谱《玉牒》修好后,(皇帝)在此阅视,并举行隆重的存放仪式。(摘自"中和殿")

旧版:After the revision of the imperial pedigree, which was revised once every ten years, the emperor read the pedigree out loudly and held a grand ceremony at the hall.

新版:Another ceremony held here involved the *Yudie*, the Qing genealogy of the imperial family complied every decade. When the compilation was finished, it would be sent to the emperor for approval and a grand ceremony for its storage would be held in the Hall of Central Harmony.

首先,旧版的翻译对"阅视"的理解有误,译为了"read the pedigree out loudly",在新版中进行了修正,改为了"be sent to the emperor for approval"(吴子蘅等 2020)。

另外,这句话在源语中省略了主语,因为上文已经提过动作的发起者为皇帝,因此在旧版中,译者补充了主语"the emperor",并且由于本段主要介绍了中和殿的功能以及皇帝在祭祀时的一系列行动,因此,旧版的译文主语几乎都采用了"the emperor",属于平行型主位推进模式。

而在新版译本中,首先由于这里承接上文,表示中和殿的另一功能,因此,虽然引用的句子源语中并没有提到另一仪式,译者却把它作为了第一句的主位,和前文形成呼应,增加其内在逻辑。第二句中的"the compilation"延续了第一句中的述位部分,是延续型主位推进模式,此外,在翻译后半句时,因为上句在述位提到了"complied every decade",下句的主位即采用了"the compilation",属于主位推进中延续型的模式,另外也使用了被动语态的句式,将"the emperor"补充在了译入语中,更利于读者的理解。而后半句中的"it"指的则是从句中的"compilation",继续沿用这一主语,属于平行型主位推进,最后的"a grand ceremony for its storage"则又结合了第一句的主位和述位,属于派生型主位推进。

相比之下,新版的翻译采用了多种主位推进模式,围绕修撰《玉牒》的仪式展开,对其进行详细阐释,同时还增加了对于《玉牒》的解释,更好地宣扬了本国文化。

3.3.2 衔接

Halliday 和 Hasan(1976)将衔接定义为"存在于语篇中并使之成为语篇的意义间的联系"。衔接可以分为两类,语法衔接和词汇衔接。

语法衔接上包括照应、替代、省略和连接,词汇衔接则包括重复、同义反义词、上下义和搭配。由于景点介绍牌都是针对每个景点的独立介绍,彼此之间的关联性较少,且有较多的专有名词,描述历史事件和整体结构装饰的部分居多,用词通常较为精准,较少出现上下义或同义词,因此,词汇衔接并不多见。景点介绍牌的翻译以书面方式呈现,因此较为注重语法,在语法衔接上的处理会比词汇衔接更多一些。以下文为例,语法和词汇衔接在一段文本

中常常一起出现:

> [6] 每年十月初一,在午门举行颁布次年历书的"颁朔"典礼。命将征讨凯旋时,也要在此举行向皇帝敬献战俘的"献俘礼"。(摘自"午门")
> 旧版:The annual ceremony for issuing the official calendar was held here, <u>as</u> was a ceremony for accepting captives when a general returned in triumph from war.
> 新版:Each year, on the first day of the tenth lunar month, the lunar calendar for the following year was issued in <u>a ceremony</u> at the Meridian Gate. <u>The ceremony</u> of presenting captives to the emperor would also be held <u>here</u> to mark the army's triumphant return.

对于本句的翻译,新旧版分别采用了不同的句子结构。旧版用连词"as"连接了两个句子,表达了两个典礼并列的逻辑关系。但旧版的翻译忽略了"十月初一",但故宫博物院作为一个传播文化的景点,笔者认为仍应翻译,表达这些典礼在午门举办的时间和其特殊性。新版中基本延续了源语的句式。首先由于都是在介绍午门,第二次出现时直接使用"here"来指代"at the Meridian Gate",属于指示照应,使其表述更简洁。其次,这段内容主要介绍的是在午门举行的两场仪式,因此,新旧版的翻译中都提到了多次"ceremony",采用了语意场中的同义词重复。

语法和词汇衔接能够让表达更加连贯。但无论从主位系统还是衔接的角度来看,英语的表述和汉语都有较大差异,因此在翻译时,需要在表达上做出较大调整,将原本汉语中晦涩的逻辑显化,使其更符合英语的表达,更好地将信息传递给外国游客。

4. 结论

根据上述分析可以发现,经过新版的修正,无论是语场的信息传递上,还是语旨的与读者之间的关系上,抑或是在语式的逻辑衔接上,都得到了较大的提升。

首先,景点介绍牌的内容一般是客观、正式的。因此,故宫博物院的翻译在语场中,会将带有文化色彩的词汇或是中文特有的对仗和四字格等表达形式加以处理,在做到准确传达源语含义的情况下,弘扬传统文化。而在语旨方面,由于文体的客观性和正式性,因此,无论在源语还是目的语当中都几乎没有情态动词和带有感情色彩的词出现。不同的是,新版的译本在原有基础上,根据国家方针,更注重文化宣传的目的,既确保了拉近和游客的关系,也起到了一定的文化传播作用。语式上,新版的译法通过在根据语境增补主位、调整结构、利用语法和词汇衔接等方式,在逻辑表达上更加显化和精确,以便于游客理解。

其次,故宫博物院的景点介绍词有其独特的历史文化背景。因此,在处理文化负载词的翻译时,两版翻译采用了类似的策略。译者主要根据其语境以及词句本身所蕴含的文化内涵判断具体采用的翻译方法。如果该词是该语段的主题,或它本身在中华文化中非常重要,则译者会采用加注或增译的异化策略,既能保证信息传递的完整性,也传播了中国文化。而对于其他只是提及但并非该语段中最想强调的词,或是游客可以通过眼前景物就能理解的内容,译者可采用省译或是文化过滤的归化策略,用最简洁明了的方式传递信息即可。无论采用何种方式,译者都是基于读者友好的原则,在保证将源语内容准确传递的基础上,进一步宣扬中华文化和历史。

  基于以上讨论可以看出,在语域理论视角下,新版译本总体上质量得到了提高,这也为景点介绍牌的翻译提供了一个新的视角,根据不同情况给出了更多的翻译策略,也为未来旅游翻译研究提出了更多可能性。

参考文献:

[1] EGGINS S. An Introduction to Systemic Functional Linguistics[M]. London: Continuum (Pinter), 1994.
[2] HALLIDAY M A K, HASAN R. Cohesion in English[M]. New York: Longman, 1976.
[3] HALLIDAY M A K. An Introduction to Functional Grammar[M]. London: Edward Arnold, 1985.
[4] HALLIDAY M A K, HASAN R. Language, Context and Text: Aspects of language in a social, semiotic perspective[M]. Beijing: World Book Publishing, 2012.
[5] REISS K. Translation Criticism: The Potentials & Limitations[M]. Shanghai: Shanghai Foreign Language Education Press, 2004.
[6] 胡壮麟,朱永生,张德禄. 系统功能语法概论[M]. 长沙:湖南教育出版社,1989.
[7] 李有华. 语域视角下的旅游文本翻译[J]. 外国问题研究,2009,(04):44-49.
[8] 彭宣维. 英汉语篇综合对比[M]. 上海:上海外语教育出版社,1999.
[9] 吴子蘅,林灿灿,王铭,郑诗茗,周江丽. 翻译适应选择论视域下故宫景点介绍牌新旧英译本对比研究[J]. 旅游纵览,2020,(17):128-132.
[10] 杨红英. 旅游翻译研究范畴讨论[J]. 陕西教育报刊社,2012,(04):25-27.
[11] 张凯航. 旅游景区牌示翻译中译者能动性的实证研究[J]. 怀化学院院报,2012,(04):90-92.

A Comparative Study on the Former and Present Translation Versions of the Scenic Spot Introduction Boards in the Palace Museum from the Perspective of Register Theory

CHENG Sijin JIANG Xiujuan

(School of Languages, Shanghai University of International Business and Economics, Shanghai 201620)

Abstract: The introduction board of a scenic spot introduces its history and culture, the translated version of which can help deepen the understanding of foreign visitors on local culture. As one of the most representative scenic spots of China, the Palace Museum is steeped in Chinese history and culture. This article makes a comparison between the former and present translated versions of the scenic spot introduction boards in the Palace Museum from the perspective of the register theory of Halliday and its three elements, trying to explore translation strategies in different periods of China's foreign development for scenic spot introductions loaded with cultural elements in terms of information transmission in field, the relationship with tourists in tenor, and the cohesion in mode.

Key words: Register Theory; the Palace Museum; scenic spot introduction board

多模态视角下的上海老字号译名翻译*

李向玫　饶小飞
（华东理工大学　上海 200237）

摘　要：中国文化"走出去"战略和"一带一路"建设为极具民族和地域特色的老字号品牌的传承、发扬和跨文化传播带来了前所未有的发展机遇。本研究通过官网梳理和实地走访，采集上海本土老字号的译名语料，从多模态视角探究其英译名现状及存在的问题，从语音、语符、文化和多模态四个要素方面提出适用于上海老字号译名的多模态翻译模式。

关键词：上海老字号；多模态；跨文化传播

1. 老字号翻译研究现状

中国文化"走出去"战略和"一带一路"建设为老字号品牌的传承、发扬和跨文化传播带来了前所未有的发展机遇。作为传统文化的现代名片，老字号不仅极具民族和地域特色，其丰富的品牌内涵、文化底蕴和商业价值也彰显出日益提升的国家文化软实力，是跨文化传播中不可或缺的重要一环。作为跨语言和文化的转换过程，翻译不仅是中外语言和文化间互连、互通、互鉴和交流的桥梁纽带，还承载着助力中国文化"走出去"的重要使命。除了由我国商务部《"中华老字号"认定规范》（商务部流通业发展司 2012）所认定的中华老字号，也有独具本土文化特质的地域性老字号。根据上海市商务委等5部门联合发布的《关于开展上海老字号认定的若干规定（沪商规[2022] 3号）》（上海市商务委员会办公室 2022），截至 2022 年，有 104 家本土品牌获称"上海老字号"。老字号的翻译及其研究不仅有利于各国人民了解其品牌文化，也有助于其进军国际市场上并可持续性健康发展。

检索知网[①]文献发现（检索主题为"老字号翻译"），现有相关老字号翻译的研究 33 条（截至 2022 年 8 月），涵盖老字号翻译的宏观理论视角和基于地域性的应用翻译研究，提出各异的翻译原则、策略及译法。吕和发（2009）将老字号命名和翻译视为一种跨文化交流和跨学科实践，强调基于特定文化背景的信息单位的精准文字表述。朱慧芬（2011）基于生态翻译理论探究老字号翻译的历时性和共时性，提出在语言维、文化维和交际维三个层面对老字号翻译生态做出适应性的选择和选择性的适应。邓高峰（2013）从文化翻译视角讨论老字号商号的多元译法，对翻译理论和文化传播展开理性思考。扈珺和刘白玉（2013）基于整合营销传播理论，提出简化拼写、威氏拼音和统一标识的老字号翻译对策。基于地域性的应用

---

* 本文系教育部人文社科 2020 年一般项目"美国华裔移民自然叙事中的多重身份建构研究"阶段性成果（20YJA740063），2024 年华东理工大学研究生"课程思政示范课程"项目阶段性成果（项目编号：SLS01241201）。
① 网址为 http://www.cnki.net/。检索时间：2024 年 5 月 28 日。

翻译研究则较多地聚焦于天津、长沙、广州等地中华老字号的译名现状并提出诸如汉语拼音译名(胡晓姣 2015)、创词法(徐筠、王媛媛 2016)、多模态(吕细华、莫爱屏 2022)及适应性选择转换(李靖怡 2020)等翻译策略。基于上述对老字号译名的应用翻译研究,本文以上海市商务委于 2022 年最新认证的 104 个本土老字号为语料,从多模态视角探究上海老字号的英译名现状及存在的问题,从语音、语符、文化和多模态四个要素提出适用于上海老字号译名的多模态翻译模式,以助力上海老字号的规范译名和跨文化传播。

2. 上海老字号译名现状

2.1 语料采集与梳理

作为历史文化名城和国际化大都市,上海拥有深厚的文化底蕴和活跃的金融商贸,在中国近代史和现代化进程中,孕育并滋养的众多本土老字号已成为中华传统文化中的瑰宝。截至 2022 年,上海共有认定的本土老字号 104 家,占全市老字号(104 家上海老字号+180 家中华老字号)的 36.6%。经官网梳理和实地走访发现,上述 104 家上海老字号均有标志性的商标图案,但仅 35 个老字号有官方英译名(见附录),69 个老字号无英译名。文后附录中上海老字号的注册商标(即官方中文名)、官方英译名和商标图案等信息均来自上海市商务委官网公示(上海市商务委员会 2022, 2023)或各老字号品牌的官网信息。

2.2 语料分析

现有 35 个上海老字号的官方译名中,就译法而言,采用拼音音译的 14 个,如乐惠(LE HUI)、神仙(SHEN XIAN)、杜六房(DU LIU FANG)等;采用英文直译的 10 个,如亚细亚(Asia)、百合花(Lily)、春竹(SPRING BAMBOO, EST. 1956)等;采用缩写法的 7 个,如上药(SPIC)和长春食品(CCSP);采用创词法的 3 个,如百雀羚(Pechoin)和美加净(MAXAM);采用英文意译的 1 个,如图形(Indigo Blue)。对上述语料的梳理和分析,发现当前上海老字号的译名存在"译名欠缺""译名书写不规范""译名与中文名不对应""品牌内涵传递不到位"四个主要问题。

2.2.1 英译名欠缺

无官方英译名的上海老字号有 69 个,占已认证上海老字号总数的 66.3%。上海作为具有深厚历史渊源并兼具海派气质的大都市,众多本土老字号的英译名欠缺,既不匹配其现有的国际化程度,也不利于本土品牌进军国际市场,更好地实现老字号品牌"走出去"的国家战略。

2.2.2 英译名书写不规范

现有 35 个有官方英译名的上海老字号中,有 14 个老字号采用了拼音音译的译法对其商标名进行翻译,但均存在音译规则和书写规范不统一的问题,如有的将老字号品名中每个汉字的拼音大写并无空格连写,如 YUANLI(元利)、BAXIANSHIPIN(八仙食品)、GUHUA(古华)等;有的只大写品名的拼音首字母,如 Baiyulan(白玉兰);有的将品名中每个汉字的拼音大写但独立书写,如SHEN XIAN(神仙)、DU LIU FANG(杜六房)等;有的既非汉语拼音音译也非威玛氏音译,如VEEJIA(唯加);有的在译名末尾标注始创年份或商品属性,如WANG YU TAI, SINCE 1851(汪裕泰)、LAO SHENG CHANG DUMPLING(老盛昌馄饨)等。上述老字号的官方英译名缺乏统一的音译规则和书写规范,虽个别老字号可以结合其商标图案获取产品信息,但绝大多数老字号的英译名无法直观地体现出商品显著特征或属性,这就在一定程度上阻碍了本土品牌译名在异文化语境下的显著性正向塑造(胡晓姣 2022),从而不利于在国际市场上的跨文化传播。

2.2.3 英译名与中文品名不对应

现有官方英译名的上海老字号中存在英译名与品牌的中文名不相对应的现状,导致英译名在一定程度上背离"忠实性"这一翻译原则(Nord 2001)。在采用英文直译译法的10个老字号译名中,近半数存在英译名与中文品名不相对应的问题。如不少老字号以"……牌"命名,如"丰收牌""蝴蝶牌""鹭牌""海鸥牌",但英译名中的"牌"字一律省译。"南京美发"因其拼音字节较长而采用拼音首字母的缩写组合法译为"NJ",看似简洁,却缺失了中文品名中关键信息"美发"一词的释义,导致英译名无法完整呈现出品牌的行业属性。

另一上海老字号"森蜂园"缘起百年养蜂世家,是集养蜂、生产、加工、销售于一体的营养食品产业,官方译名为"BEE FOREST",回译为"蜜蜂森林"或"蜂森"。中文品名中的"蜂"字意指产品属性,即主营蜂蜜及其副产品的生产、加工和销售,辅以"森"字和商标图案的通体绿色以呈现产品的天然、绿色和健康等特质。官方英译名"BEE FOREST"与中文品名的语序不符,而且缺失了中文品名中"园"字的对应英译,这就可能导致英译名的侵权纠纷等潜在法律问题。

"申泰康"起源于20世纪初,是在上海乃至全国闻名的食品生产民族企业,官方英译名为"TAI KANG FOODS","TAI KANG"为拼音音译,呈现品牌的中文发音,保留原汁原味的文化内涵以树立品牌形象;"FOODS"的增译凸显产品属性,有利于消费者对该食品品牌的认知和接受。美中不足的是,官方英译名中遗漏了对"申"字的翻译,而"申"字在品牌信息中传递的正是其独有的地域特质。在单字层面上出现品名的英译文不对等和品牌地域特色的缺失,直接导致品名的信息失真,使消费者很难从直观上获知品牌的发源历史和文化底蕴。

2.2.4 品牌内涵传递不到位

上海老字号兼具商标的中文品名、英译名和图案标识(见附录),消费者不仅能从文字上获取直观的品名信息,还可通过图案标识产生图文关联和认知,为英译名的跨文化传播提供便利。胡晓姣(2022)将品牌名称视为商业行为中显著性塑造的基础和起点,认为显著性的正向塑造是品牌跨语言转换(即翻译)的目标。然而梳理语料发现,部分上海老字号官方英译名语料的显著性塑造明显不足,在目的语的语境下很难在直观上准确彰显品牌名称的文化内涵和属性特质。

拥有百年发展历程的上海本土服装公司"大地",其官方英译名为英文首字母的缩写组合"A.D.K.",其由来经历了悠久而复杂的演变。"A.D.K."最初为民国时期美商在华创立的风雨衣服装品牌,取自"American Dress King"(美国服装大王)的英文首字母缩写组合。新中国成立后,"A.D.K."被爱国人士重新定义为"Asia Dress King"(亚洲服装大王),仍沿用英文首字母的缩写组合为官方英译名,其英文谐音"爱地凯"寓意"誉满全球、名闻大地"。由于"A.D.K."为英文首字母缩略语,三个字母很难形象地体现出品牌的百年变迁及民族产业的振兴历程。同为缩略译法的老字号品牌"上药"的官方英译文也采用了英文首字母的缩写组合译法,即"SPIC"。若不结合中文品名及其图案标识,单从英译文的字母组合层面也很难呈现出品牌的内容和属性。

在现有的35个有官方英译名的上海老字号品牌中,以英文直译为译法的译名占近三成比例。直译译法虽能直接地在目的语中译出对应的品名,但该译法侧重中文的表层含义在目的语中的对等传递,若老字号品名本身蕴含着深厚的文化信息和品牌内涵,而选取的英文对应词汇存在内涵意义上的缺失或偏差,英文直译这一译法就很难将其原本丰富的文化底蕴准确地传递给异文化语境下的消费者。如上海本土的"蝴蝶牌"缝纫机被誉为民族缝纫机业的翘楚。品牌创立之初名为"无敌牌",取"打败天下无敌手"之意。1966年取"无敌"及"battle"的谐音更名为"蝴蝶牌"并延续至今。在西方文化语境下,"蝴蝶"象征着美丽和稍纵即逝,无法准确地呈现该老字号品牌所蕴含的坚韧、自信等文化内涵。在老字号走向国际市场的过程中,无其他产品信息支撑的英译名"BUTTERFLY"的显著性正向塑造不足,在一定程度上会阻碍其在国际市场上的长足发展和跨文化传播。被誉为"东方魔药"上海老字号"天坛"清凉油以北京天坛为中文品名及商标图案,民族特色鲜明且内蕴丰富。其官方英译名为直译"Temple of Heaven",虽清晰明了,但与品牌的本身属性无直接关联,若无其他信息解读,异文化语境下的消费者也很难直观地获知其所属行业或用途,难以引起跨文化共鸣和消费欲望。此外,知名中医药产业老字号"神象"的官方英译名"SHEN XIANG"由拼音音译而来。"神象"顺应国家"一带一路"建设号召,在加拿大等国建立了海外中药材基地,助推中医药走出国门。但无任何标注的拼音译名"SHEN XIANG"同样存在英译名的显著性正向塑造欠缺,难以在跨语言和文化的转换过程中传递产品信息和属性,可能导致海外消费者对品牌名称的认知缺失或受限,在一定程度上不利于这一上海老字号在短期内为海外消费者认可和接受。

3. 上海老字号译名的多模态翻译模式

上海老字号因其历史悠久、底蕴深厚和口碑优良在现代社会得以传承,对于中文品名的翻译不仅要尽可能保真地传递出品牌原汁原味的文化特质,也要注重译名的世界性,以最易于异文化语境下的消费者认可和接受的方式实现上海老字号的跨文化传播。老字号译名并非简单的字符转换,而是在不同的社会文化语境中的互连、互通、互鉴和交流的纽带。上海老字号的英译名应是灵活、多元地在语音、语符、文化和多模态四个要素方面的跨文化呈现。

3.1 语音要素

柏拉图将语音视为"第一符号系统",而作为"记载语言的符号"的文字形式则是"第二系统"(潘文国 1997:155);这就表明在老字号译名的跨语言转换中,较之于文字意义,音韵在信息传播上更具优势。潘文国提出语音第一性、文字第二性的观点,指出在汉英对比研究要摆脱以"印欧语眼光"为出发点的翻译,从地道的汉语出发开展双向研究(冯智强 2003)。

现有 35 个已有官方英译名的上海老字号中，17 个的英译名与其中文品名的拼音发音直接对应，占已有本土老字号译名数量的近一半，这表明基于品名拼音的音译是上海老字号译名的首要译法。就广大消费者而言，品牌认知、辨识和兴趣主要以音韵为主，在本土品牌的商业营销和跨文化传播上，品名的音韵传递通常被视为译文的关键。拼音音译以高度个性化的词素和词组组合，使品牌具有强劲的文化语势和更为显著的音效。基于拼音音译的老字号译名，不仅彰显出民族品牌的特质，在外宣中也能展现出跨文化传播的优势。这种异于常规英语文法的字母音韵组合能带给海外消费者一定的陌生感和新奇性，激发其消费欲望及对中国品牌的认可和接受。

基于此，拼音音译可视为上海老字号译名的首选译法，但需完善其拼音音译和书写规范。在现有的上海老字号中，有以人名命名字号的（如"胡庆余堂"），有体现传统经营理念的（如"汪裕泰"和"黄隆泰"），也有体现地域特色的（如"绿波廊"）和象征品牌精神的（"白玉兰"）。上述基于拼音音译的官方英译名书写各异（见附录），导致老字号译名的书写亟待规范这一问题，即每个拼音的字母应大写还是小写，每个汉字的拼音间应加入空格独立隔开还是连写等。统一的音译规则和书写规范对于老字号标识的跨文化传播尤为重要（吕细华、莫爱屏 2022）。基于对上海老字号语料的收集、梳理和分析，建议将每个汉字的拼音首字母大写，每个汉字的拼音独立书写，这不仅符合汉语拼音的拼读习惯，也有助于海外消费者的拼读记忆。此外，语料中依据方言音译的创词英译名，如始创于 1931 年的化妆品品牌"百雀羚"，其英译名"Pechoin"是沪语"百雀羚"的谐音。"百雀"取"百鸟朝凤"之意，"羚"与沪语中"灵光"的"灵"同音，表明"百雀羚"配方中含"羊毛脂"护肤原料。以沪语谐音"Pechoin"为官方译名，展现该品牌鲜明的地域性和民族性，英文发音"oin"与中文"灵"音韵相似，巧妙凸显其经营理念和文化底蕴。这就表明，将老字号译名以一个独立且陌生的创词呈现，不仅简洁上口，易于识读和记忆，一定程度上还更能激发海外消费者的好奇心理和消费欲望。

3.2 语符要素

Schultz（1993）提出整合营销传播理论，指出一个商品的品名越简洁明快，越利于与消费者进行信息交流。就拼音音节本身较长的上海老字号而言，如"上海丝绸""南京美发"等，若英译名完全依照拼音音译，多音节会导致译名的冗余和累赘，造成消费者视觉和认知疲劳。采用拼音首字母组合的缩略译法，以简洁、凝练的拼音首字母组合为英译名，简短的字母读音组合会更为朗朗上口，在视觉和听觉上对消费者产生高强度的冲击力，便于消费者的识读和记忆。如长春食品（CCSP）、上药（SPIC）等以简洁的首字母组合为官方英译名，易读易记易辨识，对本土品牌的国际推广和跨文化传播不无裨益。

对于一些名词性的本土老字号品牌，其中文品名为非个性化的特指名词，不具备显著的地域标识和文化特质，但在目的语中有对应的词汇表达，如"丰收牌"（BUMPER HARVEST）、"英雄"（HERO）等，通过英文直译这一译法亦能实现相同的表达效果。此类老字号的品名本身寓意昌盛美好，对应的英语词汇通常也具有兴盛吉庆之意，易于在消费者心中树立品质一流、经营优良的口碑和品牌形象。以目的语读者为归宿，遵循功能翻译目的论中的目的性原则，采用英文直译来处理上述老字号的品名翻译，使英译名更具归化的气韵，更好地助推上海老字号在国际市场上的可持续性健康发展。

3.3 文化要素

上海老字号植根于中华文明和海派文化,地域特色鲜明,文化底蕴丰厚,反映的不单是地理上的商贸景观,更折射出悠久的历史文化传承,故其译名并非只是机械的编码和解码过程或单纯的文字符号转换,而是涉及文化、学科间的交流与实践(吕和发 2009)。老字号祥瑞美好的品名措辞、悠久的历史积淀和传统的价值理念,使其成为上海商业发展历程的代表,更作为中国传统文化的象征,见证着中国经济和国家实力的发展与崛起。英汉双语的差异不仅体现在语言学的构词,在商品品名的命名上也独具特色。在西方文化语境下,品名倾向于选用中性化词汇,而植根于东方文化语境下的老字号品名则更注重寓意和审美等传统文化思想(许娟娟 2010)。上海老字号的品名翻译,需关注源语和目的语间的文化差异,找准两种文化的平衡点,根据源语所承载的文化气韵对品牌进行跨语言和文化的有效转换,助力海外消费者知晓并体味中国品牌的文化内涵。如有着七十年历史的老字号"鹭牌"以硬件锁组闻名世界,其五金工具和工业产品远销欧美和非洲等地。在国人传统观念中,白鹭是好运、纯洁和耐力的象征,品牌以此命名,象征挂锁产品质量精良,给千家万户家庭带来幸运和幸福。白鹭寓意纯洁,凸显商家诚信经营,以赤诚之心服务大众,其注册英译名"EGRET"为"白鹭"的直译。在西方文化语境下,鹭同样象征着纯洁、美好。该译名兼顾"白鹭"这一意象在不同文化语境中的表达,在各自的语境下恰到好处地传递出品牌蕴含的文化气韵,为中外消费者所辨识、认可和接受。

3.4 多模态要素

作为一种交际模式,多模态话语指运用"听觉、视觉、触觉等多种感觉"的互动产生意义,并通过"语言、图像、声音、动作等多种手段和符号资源进行交际"(张德禄 2009)。"先图后文"是人类的阅读习惯,伴随科技发展和多媒体技术普及,图像在文本表达和信息传递中所占比重日益提升,多模态图文翻译逐渐成为多模态研究中的重点。作为多模态图文文本中传达信息、刺激交际的重要形式,文字具有凝练、抽象和指代的特性,图像则直接作用于人的视觉感官,在信息传递上具有直观、形象等优势。交际环境中,图像作为最直接参与的文本实现交际作用,文字作为补充性的阐释说明,消除图像潜在的多义性和不确定性(冯建明 2020),二者在信息传达方面既互相补充又共同作用。多模态理论中,语言符号与非语言符号体系通过重组、编码和互动共同实现跨文化交际和翻译(吴赟、李伟 2021)。

上海老字号商标既有图案的形象刻画,也有中文品名和英译名的直观呈现。消费者通过图像对第一眼的视觉冲击获取商品品名和属性等表观信息,并结合所配文字和译名对品牌产生更为形象和准确的认知和记忆,图文间的互动又会引发消费者对其文化内涵和历史沿革产生更深层次的辨识与联想,这就使多模态翻译理论与老字号品牌的跨文化传播有机融合。多模态的意义表达受图像的颜色、视觉和构图影响,故上海老字号商标图案的构建应更多地关注运用能彰显产品属性、体现品牌历史的形象化图案,配以醒目鲜艳的色彩,在第一时间抓住消费者眼球。如"上海丝绸"的商标图案(见附录)采用红底白字的双 S 字母,为"上"和"丝"二字的拼音首字母缩写,双 S 形状形如一缕缕丝线,形象地描画出产品的属性和特点,官方英译名"SS"在清晰表意的同时,兼具鲜明且独特的民族特色。

另一始创于 20 世纪的上海老字号"春竹"以针织产品享誉全国。其商标图案（见附录）通体为墨绿色，中央为竹与竹叶的图案，与中文品名"春竹"呼应，三片心形竹叶构成汉字的竹字头偏旁，彰显该服装品牌取材天然、品质优良、做工精致的特点。英译名"SPRING BAMBOO"以圆圈布局环绕图案，醒目地呈现商标标识，并在下方标注出创始年代，凸显品牌的历史沿革。该商标既包含图形和中英文字，又兼具文化底蕴的传递和国货品牌的外宣，是为运用多模态的符号资源进行跨文化传播的范例。

基于 2008 年公布的首批中华老字号官方译名和"老字号企业名称拼音+产品特性/产品店铺/经营产品+起始年代"这一通用的老字号翻译模式，上海老字号的译名也可借鉴上述译名模式进行规范性的统一改译，如"申泰康"建议译为兼具产品属性和历史沿革的拼音音译名"Shen Tai Kang Foods, Since 1914"，再结合商标图案中富含地域特色和文化气韵的推着印有"泰"字小推车贩卖糕点的小人，图文并茂，从多模态视角实现对品牌的宣介和推广。若老字号的中文品名存在较长的拼音音节，可优先使用缩写法实现在读音层面的简洁凝练之效，如"老盛昌"可译为"LSC Dumpling, Since 1999"，"上海胡庆余堂国药号"可译为"Shanghai HQYT Chinese Medicine Store, Since 1874"，再配以生动形象的商标图案，实现图形对文字信息的补足和丰富，借助多模态元素在跨文化翻译中的补充和支撑作用，加强老字号译名的视觉冲击和显著性正向塑造，更好地促进本土品牌的规范化翻译和跨文化传播。

4. 结语

老字号品名的跨文化翻译，是在日益频繁的对外经贸交流中实现中国品牌"走出去"国家战略的重要一环。本文采集和梳理现有上海本土老字号及其译名语料，从多模态视角剖析译名现状及存在的问题，从语音、语符、文化和多模态四个要素方面提出了适用于上海老字号译名的多模态翻译模式，填补了上海文化研究地图上对于本土老字号译名研究的空白，也从多模态翻译视角为众多的老字号的译名翻译提供了可借鉴的翻译路径。

参考文献：

[1] NORD C. Translating as a purposeful activity: Functionalist approaches explained[M]. Shanghai: Shanghai Foreign Language Education Press, 2001.

[2] SCHULTZ T W. The economic importance of human capital in modernization[J]. Education Economics, 1993, 1(1): 13-19.

[3] 邓高峰. 中国文化"走出去"战略背景下的"中华老字号"翻译研究[J]. 海南师范大学学报：社会科学版, 2013, (09): 139-144.

[4] 冯建明. 多模态语用互动的翻译意义构建[J]. 外国语文, 2020, (05): 127-133.

[5] 冯智强. 汉英对比研究的又一座高峰——华东师范大学潘文国教授汉英对比思想研究[J]. 白城师范学院学报, 2003, (03): 52-57.

[6] 扈珺, 刘白玉. 从整合营销传播视角看"中华老字号"品牌的翻译策略[J]. 上海翻译, 2013, (04): 44-46.

[7] 胡晓姣. 论"中华老字号"的国际化译名——以天津相关翻译实践为例[J]. 中国科技翻译, 2015, 28(03): 28-31.

[8] 胡晓姣. 论品牌跨语言转换中"显著性"之正向塑造[J]. 商务英语教学与研究, 2022(00): 83-89.
[9] 李靖怡. 生态翻译学视域下广州中华老字号商标英译研究[J]. 海外英语, 2020, (12): 49-52.
[10] 吕和发. 全球化与老字号译名[J]. 中国科技翻译, 2009, 22(01): 24-27.
[11] 吕细华, 莫爱屏. 广州中华老字号翻译探究[J]. 中国科技翻译, 2022, (03): 37-41.
[12] 潘文国. 汉英对比纲要[M]. 北京: 北京语言文化大学出版社, 1997: 155.
[13] 上海市商务委员会. 2022年上海老字号拟认定名录(第二批)公示[EB/OL]. (2022-11-22) [2023-04-09]. https://sww.sh.gov.cn/zxxxgk/20221122/cdfbb822f65d4da381f59468d889fa86.html
[14] 上海市商务委员会. 2022年上海老字号拟认定名录(第一批)公示[EB/OL]. (2022-08-29) [2023-04-09]. https://sww.sh.gov.cn/zxxxgk/20220829/55b1b9d6a1c948d9a52e16740fbb12b9.html
[15] 上海市商务委员会办公室. 市商务委市经济信息化委市文化旅游局市市场监管局市知识产权局关于印发《关于开展上海老字号认定的若干规定》的通知: 沪商规[2022]3号[EB/OL]. (2022-07-15) [2023-04-09]. https://www.shanghai.gov.cn/cmsres/29/2962ba6602b74c1bb24dae46979e178c/db76b5af3e91bbfb2f2b46d43baf4683.pdf
[16] 商务部流通业发展司. "中华老字号"认定规范(试行)[EB/OL]. (2012-09-20) [2023-04-09]. http://ltfzs.mofcom.gov.cn/article/aw/201209/20120908348719.shtml
[17] 吴赟, 李伟. 中国文化的视觉翻译: 概念、议题与个案应用[J]. 华东师范大学学报: 哲学社会科学版, 2021, 53(02): 84-92.
[18] 许娟娟. 基于语言学理论的"老字号"英文品牌命名——在香港和澳洲的实证研究[J]. 江苏商论, 2010, (06): 37-40.
[19] 徐筠, 王媛媛. 用创词法翻译"中华老字号"——以长沙为例[J]. 中国科技翻译, 2016, (03): 47-50.
[20] 张德禄. 多模态话语分析综合理论框架探索[J]. 中国外语, 2009, (01): 24-30.
[21] 朱慧芬. 生态翻译理论视域下的"老字号"英译研究[J]. 安徽工业大学学报: 社会科学版, 2011, (02): 87-88.

The Translation of Shanghai Time-honored Brands: From the Multimodality Perspective

LI Xiangmei RAO Xiaofei

(East China University of Science and Technology, Shanghai 200237)

Abstract: The national strategy of Chinese culture "going global" and the construction of "The Belt and Road" have brought unprecedented developmental opportunities for the inheritance, promotion and cross-cultural publicity of time-honored brands with distinctive national and regional characteristics. Through visiting official websites and field observations, this study collected the translations of Shanghai local time-honored brands, explored the status quo of and existing issues in their translations from the multimodality perspective, and proposed a constructive multimodal model for the translation of Shanghai time-honored brands in terms of the phonetic, symbolic, cultural and multimodal considerations.

Key words: Shanghai time-honored brand; multimodality; cross-cultural publicity

附录

有官方译名的上海老字号品名信息

序号	注册商标	官方英译名	商标图案	译法
1	元利	YUANLI		拼音音译
2	申泰康	TAI KANG FOODS		拼音音译
3	乐惠	LE HUI		拼音音译
4	神仙	SHEN XIAN		拼音音译
5	汪裕泰	WANG YU TAI, SINCE 1851		拼音音译
6	八仙食品	BAXIANSHIPIN		拼音音译
7	白玉兰	Baiyulan		拼音音译
8	上海胡庆余堂国药号	SHANGHAI HU QING YU TANG CHINESE MEDICINE STORE		拼音音译
9	古华	GUHUA		拼音音译

续表

序号	注册商标	官方英译名	商标图案	译法
10	神象	SHEN XIANG		拼音音译
11	绿波廊	LÜ BO LANG		拼音音译
12	老盛昌	LAO SHENG CHANG DUMPLING		拼音音译
13	杜六房	DU LIU FANG		拼音音译
14	南洋	NANYANG		拼音音译
15	丰收牌	BUMPER HARVEST		英文直译
16	春竹	SPRING BAMBOO, EST. 1956		英文直译
17	蝴蝶牌	BUTTERFLY		英文直译
18	英雄(笔)	HERO		英文直译
19	天坛	TEMPLE OF HEAVEN		英文直译
20	百合花	Lily		英文直译

续 表

序号	注册商标	官方英译名	商标图案	译法
21	鹭牌	EGRET		英文直译
22	海鸥牌	SEA GULL		英文直译
23	森蜂园	BEE FOREST		英文直译
24	亚细亚	Asia		英文直译
25	上药	SPIC		缩写法
26	南京美发	NJ		缩写法
27	上海丝绸	SS		缩写法
28	南螺	NL		缩写法
29	强生	QS		缩写法
30	长春食品	CCSP		缩写法

续　表

序号	注册商标	官方英译名	商标图案	译　法
31	大地	A.D.K		缩写法
32	百雀羚	Pechoin		创词法
33	美加净	MAXAM		创词法
34	唯加	VEEJIA		创词法
35	图形	Indigo Blue		英文意译

商务英语教学与能力研究

语言、专业与思政的三融合一体化教学模式探索
——以国际商务专业学位研究生"商务英语"课程思政实践为例

王文君

(昆明学院 昆明 650214)

摘 要:"商务英语"是国际商务专业学位研究生的必修学位课程,兼具人文性、专业性、工具性,承担着专业育才和思政育人任务。要在有限的课时内传授知识、培养能力、提升素质,需要语言、专业与思政三者融合为一体的教学构建。基于内容的产出导向教学法结合了内容驱动和产出带动的优点,较好地实现了上述教学构建,给师生带来了质性改变,但思政主题的提炼、思政材料的选择、教师的价值评价能力、产出方式设计等仍需系统性协调和进一步研究。

关键词:国际商务硕士专业学位;商务英语;课程思政;内容教学法;产出导向法

1. 引言

2020年6月1日教育部印发了《高等学校课程思政建设指导纲要》(下称"《纲要》")(中华人民共和国教育部 2020),将立德树人成效确定为检验高校一切工作的根本标准,提出在教育中要将价值塑造、知识传授和能力培养三者融为一体,要以教师队伍为"主力军"、以课程建设为"主战场"、以课堂教学为"主渠道",将显性教育和隐性教育相统一,构建全员全程全方位协同共振的育人大格局。

根据全国国际商务专业学位研究生教学指导委员会(下称"教指委")网站发布的《国际商务硕士专业学位介绍》(全国国际商务专业学位研究生教学指导委员会 2016),国际商务硕士专业学位设立于2010年,是国家进一步加快研究生教育结构调整步伐的产物,目的是培养国家急需紧缺的国际商务专门人才。国际商务硕士专业最大的特点就是涉外性,商务英语在其人才培养方案中的地位毋庸置疑,教指委发布的《国际商务专业学位研究生指导性培养方案》(全国国际商务专业学位研究生教育指导委员会2016)将"商务英语"列为必修学位课程,占3个学分。

"商务英语"与西方的语言、文化、商务等有着天然、紧密的联系,在这样的专业和这样的课程中进行思政教学模式探索更显意义重要。笔者以"商务英语""课程思政"为主题词在中国知网上共检索到254篇论文,其中北大核心期刊只有5篇而且都不涉及国际商务硕士专业①。上述研究现状说明学术界目前对商务英语课程思政的研究还不够、水平还不高,对国际商务专业学位研究生培养方案中的"商务英语"课程思政的研究尤其如此。

2. "商务英语"课程思政内涵

《纲要》明确了课程思政建设的目标要求和内容重点,具体包括推进习近平新时代中国特色社会主义思想进教材进课堂进头脑、培育和践行社会主义核心价值观、加强中华优秀传统文化教育、深入开展宪法法治教育、深化职业理想和职业道德教育。《纲要》要求以学生为中心、以产出为导向科学设计课程思政教学体系,并就不同类型的课程分别提出了要求:公共基础课程要"注重在潜移默化中坚定学生理想信念、厚植爱国主义情怀、加强品德修养、增长知识见识、培养奋斗精神、提升学生综合素质";专业教育课程要根据专业育人目标深度挖掘提炼专业知识体系中所蕴含的思想价值和精神内涵,科学合理拓展专业课程的广度、深度和温度,从课程所涉专业、行业、国家、国际、文化、历史等角度,增加课程的知识性、人文性,提升引领性、时代性和开放性。《纲要》要求结合专业特点分类推进课程思政建设并对不同类型的专业课程给出了具体的指引,其中文学类专业课程"要在课程教学中帮助学生掌握马克思主义世界观和方法论,从历史与现实、理论与实践等维度深刻理解习近平新时代中国特色社会主义思想,要结合专业知识教育引导学生深刻理解社会主义核心价值观,自觉弘扬中华优秀传统文化、革命文化、社会主义先进文化"。《纲要》还要求利用现教技术、创新课堂教学模式,将课程思政融入课堂教学建设全过程。

教指委发布的《国际商务硕士专业学位介绍》指出该专业学位类型针对的是我国适应经济全球化趋势、全面建设开放型经济体系的需要,目的是培养具有较强专业能力和职业素养、能够创造性地从事国际商务实际工作的高层次应用型专门人才。该专业的毕业生应该具备以下五种能力:(1)开阔的国际视野,广博的知识和开拓国际市场的能力;(2)精通国际经贸知识,并具有很强的国际交流能力和国际商务运作能力,特别是能娴熟地运用一门以上外语开展商务活动的能力;(3)通晓国际经贸法律和惯例,并具有运用法律解决实际问题的能力;(4)具有国际经贸实务操作能力,以及熟练运用各种现代化工具搜集信息并进行分析、判断和决策的能力;(5)掌握跨文化知识,善于进行国际商务交往,具有了解、尊重并调和文化差异的能力。这五种能力中的每一种能力都与以英语为代表的外语相关。

教指委发布的《国际商务硕士基本要求》(全国国际商务专业学位研究生教育指导委员

---

① 检索时间为2024年2月17日。

会2016)规定了获得该专业学位应该具备的基本素质、基本知识和基本能力。基本素质包括学术道德、专业素养、职业素养和人文素养四个部分；基本知识中专门提到了语言学，要求学生比较熟练地掌握一门外语语言并能用作为工作语言以开展常规的国际商务活动；在基本能力部分，要求学生具备运营与管理能力、控制力与领导力、研究与创新能力、终身学习能力和综合应用知识能力。

将教指委的上述文件置于《纲要》的框架下可以归纳总结出"商务英语"的课程思政内涵，即"商务英语"是一门以内容为重点的兼具人文性、专业性、工具性的高层次跨学科复合型学位课程，是价值引领之下的语言和商务相结合的知识传授、能力培养、素质提升的有机整体，承担着专业育才和思政育人的两项任务(刘重霄、林田2021)。在上述定义中，第一句话界定了"商务英语"的性质和定位，第二句话厘清了课程的任务，第三句话定义了课程的目标。

2.1 "商务英语"的性质和定位

"商务英语"首先是必修学位课程，这是由其所在专业的涉外性质决定的。该课程"以内容为重点"指的是课程应采用内容教学法（Content-Based Instruction），将语言指导和专业指导相结合，发挥语言工具本质属性，在教授语言技能的同时更传授专业内容，以实现内容的人文性和专业性。该课程是一门"跨学科复合型"课程是因为该课程涉及与国际商务有关的多学科知识，如语言学、经济学、社会学、法学等。该课程被界定为"高层次"，不仅在于其以跨学科内容为教学重点，而且还在于其教学目的是让学生在加工处理语言符号输入并解码语句字面含义的基础上，运用内化的知识、图式，通过批判性思辨进一步理解和重构意义，形成语篇层面的心理表征（孙桐、王萌萌2022），并以书面、口头或数字化等形式产出。

2.2 "商务英语"的任务和目标

"商务英语"要求教师在正确的价值引领下将语言和国际商务相结合向学生传授知识、培养能力、提升素质。本任务体现了课程思政的隐形特征，即课程思政不是一门独立的显性思政课程，而是一门潜移默化的隐形思想教育课程（王嘉铭、王晶晶2022）。

"商务英语"正是通过上述任务的完成从而达到课程的目标，即专业育才和思政育人。

3. "商务英语"课程思政教学构建及实现模式探索

根据"商务英语"的性质、定位、任务和目标，笔者在我校2021级和2022级国际商务专业学位研究生中进行了"商务英语"课程思政教学构建及实现模式的探索。

3.1 选用的教材

本课程选用的教材是由王立非和江春主编、对外经济贸易大学出版社2020年7月出版的《高级商务英语教程》(第二版)，该教材获得了对外经济贸易大学研究生精品教材出版基金资助(中央高校教育教学改革专项)。教材以商务知识为语境、以商务话题为引导、以商务技能为核心，针对学生未来商务职场的英语需求，进行系统语言能力的培养。教材的阅读材料来自英文版主流商务期刊，听力材料选择官方和知名媒体的英文商务新闻和报道，口语涉及商务电话、商务会议、商贸谈判、产品介绍等商务话题,教材较有新意的部分是将写作任务与案例分析相结合,而且尽量选择了中国商务案例(如联想、海底捞、健力宝、阿里巴巴、淘宝等),要求学生分析案例并进行会议纪要、备忘录、企划书等商务实用写作。

3.2 教学构建及实现模式

在使用本教材的过程中,笔者根据自身对"商务英语"课程思政内涵的思考,认为要在有限的课时中实现课程思政内涵,在教学中必须将语言、专业与思政三者融合为一体,而要实现这种三融合一体化的高效教学构建,需要将内容教学法和产出导向法相结合,笔者称之为"基于内容的产出导向教学法"。

3.2.1 理论支撑

3.2.1.1 内容教学法

传统的外语教学以语言作为驱动,把某种外语作为一门课程来教,以听、说、读、写、译的语言技能训练为核心,出发点和归宿侧重于为学习语言而学习语言,而非通过语言获得知识。经过多年的实践,人们发现这种语言驱动模式割裂了语言教学和学科知识获得之间的联系,成为目前大学英语教学费时低效的关键症结,是我国英语应试教学的重要原因,在一定程度上导致了大学英语教学围绕大学英语四、六级考试转的怪现象(俞理明、韩建侠 2012)。有学者专门思考了语法翻译法或由结构主义思想而产生的字词句的教学方法与课程思政之间的关系,认为外语教学与课程思政难以有机结合与统一的根本原因之一就在于这种传统教学理念与方法(刘光正、岳曼曼 2020)。

与语言驱动模式相对应的是内容驱动模式。内容驱动模式强调语言的工具性和内容的核心性,认为语言学习不仅是学习语言而更是通过语言获取信息、表达思想,即通过课程内容的学习既提高语言水平又获得学科知识。实证调查和研究证明内容驱动模式是"商务英语"这类专门用途英语教学的核心,可以事半功倍地提升学习者的学习积极性和学习效率,使他们在获得系统专业知识的同时,得到语言应用能力的切实提升,是英语教学的成功之路(刘光正、岳曼曼 2020)。

3.2.1.2 产出导向法

产出导向法(Production-Oriented Approach)是文秋芳教授在其 2007 年提出的"输出驱动假设"的基础上进一步完善后的理论成果,于 2014 年被正式命名为"产出导向法"(POA)(文秋芳 2015)。该教学法适用的群体需具备一定的语言能力,原先是针对英语专业学生,后来虽被扩展到了大学英语的教学中,但主要针对中高级英语学习者。在产出导向法提出之后,国内教育界对其进行了很多的研究与实践,证明其是一条行之有效的教学途径(张文娟 2022)。

产出导向法理论体系的教学理念是学习中心说、学用一体说和全人教育说。学习中心说区别于"以学生为中心"的理念,强调教师主导地位,强调课堂教学活动必须有利于实现教学目标、促成有效学习,教师必须以此为教学设计的原则。学用一体说主张输入与产出的统一,主张边学边用、学中用、用中学,学用结合,同时强调"产出"而非"输出",意指学生在此过程中的再创造。全人教育说与内容教学法在一定程度上不谋而合,认为语言教育的对象是人,所以外语教学不仅要实现学生英语综合运用能力提升的工具性目标,更要达到人文性目标,如提高学生的思辨能力、自主学习能力和综合文化素质等。

在三个学说理念的支撑下,产出导向法提出了三个教学假设:输出驱动、输入促成和选择性学习。输出驱动认为产出是语言学习的驱动力和目标,输入的目的是形成产出。输入促成认为恰当的输入有助于促成有效的产出、实现有效的学习,因此教师需要发挥引领作用,仔细设计输入,调动学生的兴趣,触发学生的输出冲动。选择性学习是指学习者根据产出需要,从输入材料中挑选有用的部分进行深度加工、练习等,选择性学习的有效性往往高于非选择性学习。

在三个学说和三个假设的基础上,产出导向法进一步提出了三个教学流程:驱动、促成和评价。驱动一般位于教学单元的开头,目的是有效地激发学生的学习意愿,通常由教师先呈现交际场景,学生然后尝试输出,之后教师说明教学目标和产出任务。促成包含三个环节:教师具体描述产出任务、学生进行选择性学习并在此基础上练习产出。评价可以以即时或延时的形式贯穿于整个教学过程中,采用师生共同参与评价的方式进行,让学生有更多的参与、比较和产出的机会。

3.2.2 教学构建

"商务英语"教学构建的原则是语言、专业与思政的三融合一体化,即用语言学习专业内容,在此过程中融入思政教育,最终实现语言、专业与思政的相长,达到课程专业育才、思政育人的目标。

下表清晰地反映了"商务英语"教学中语言、专业与思政三融合一体化的教学构建情况。

表1 三融合一体化的教学模式构建

单 元	专 业	思 政	语言
1. Globalization Trend	英国全球化的过去、现在和未来	中国坚定不移地推进全球化的大国担当	商务英语语言知识和技能
2. Success and Happiness	经济发展与幸福指数的关系	成功与幸福的关系	
3. Internet and Mobile Phone	数字经济	中国的数字经济发展	
4. Employment and Job Satisfaction	工作和满意度	员工的激励策略、中国人工作满意度调查及反思	
5. Competition and Pressure	职场竞争和压力	如何正确看待"内卷"、如何面对压力	
6. Entrepreneurship and Innovation	创新创业	做勇于创新创业的青年	
7. Risk and Crisis	商业风险及风险管理	中国文化与企业国际化发展的冲突	
8. Morality and Change	商业道德及变迁	中国企业的企业责任感	
9. Advertising and Brand	广告和品牌	向海外市场推广带有中国元素产品	

3.2.3 实现模式

三融合一体化的教学构建和传统的商务英语教学模式相比，内容更多、要求更高，基于内容的产出导向教学法以其高效性和有效性可以较好地实现上述教学构建，具体如下：

表2 三融合一体化教学模式的具体实践

教学流程	具体内容	产出形式
驱动	教材预习和产出任务	组内合作：头脑风暴问题讨论、课文及课后问题讨论、翻译讨论、商务口语技能练习、案例讨论及合作写作
		个人任务：听力训练、词汇练习
	语言、专业、思政一体化补充学习材料和产出任务	组内合作：组员之间交传练习、英语演讲或英语纪录片等配音、PPT制作并演讲、微视频制作、新闻/产品发布会、采访视频、辩论、项目推介等
促成	教师主导下的课堂产出	组间交传、组内合作结果展现、组间辩论、"雨课堂"随堂测试等
评价	互评、师评（平时成绩）	课堂上展示的产出：利用"微助教"和"雨课堂"弹幕功能进行线上即时学生互评和师评、线下即时口头互评和师评；未在课堂上展示的产出：以文档、音频、视频等格式上传至"微助教"中进行延时互评和师评。
	期末考试	卷面考试：思政内容有机融入题目

4. "商务英语"课程思政教学构建及其实现模式的效果、反思及改进

由于"商务英语"采用了基于内容的产出导向教学法，相对于传统的语法教学法和翻译教学法而言，课堂教学无需将大量的时间花费在词汇、句子等微观层面，而是从宏观的语篇角度、专业层面来学习，教师因此有更多的隐形引入思政的时间和机会，而学生在产出任务的要求下，通过学中用和用中学，同时提升了语言、专业和思想的水平。实践证明语言、专业、思政的三融合一体化教学构建及其基于内容的产出导向实现模式给教师、教学和学生带来了质性变化，但同时也有一些问题需要进一步探索和研究。

4.1 教学效果

首先，语言、专业与思政的三融合一体化教学构建所依赖的基于内容的产出导向教学法对教师提出了素质质性提升的要求。承担"商务英语"教学任务的教师"要有目标导向、问题导向和创新导向"（梅德明 2022：1），不仅需要从语言的角度读懂教材，还需要从专业的角度读通教材、组织思政教学材料，更需要具备站在专业角度和思政角度进行评价的能力。这些质上的变化对教师提出了"三师型"教师的要求。笔者作为任课教师有着深刻的感受。语言教学不再是一本教材、一本字典的工作。为了完成一个单元的教学任务，教师必须学习相关经济学理论、

商务知识、了解中国相关的动态和政策等,并且还要设计能够进行有效学习的产出任务。

第二,三融合一体化教学构建及其实现模式对教学过程产生了质性改变。基于内容的产出导向教学法改变了教学的方式并利用了更多的数字手段和现教手段(如作业以音频或视频形式完成),充实了课前预习环节,迫使学生为了产出而更多地进行英语交流并进行选择性学习,将线上线下相结合为学生提供了更多的英语展示舞台,从而很好地实践了学习为中心、学用一体和全人教育的教学理念。从笔者的教学体验来看,由于本教学模式的实行,课堂教学更生动,学生的参与性更好,学习的主动性更强。

第三,三融合一体化教学构建及其实现模式对学生的学习方法产生了质性变化。学生为了产出必须加强个人学习、合作学习和创造性学习。学生在教学反馈中反映"商务英语"课程的学习强度大、合作要求高、挑战性强、知识面广、内容深刻。

正因为三融合一体化教学构建及其基于内容的产出导向实现模式在实践中收到了较好的效果,学校将"商务英语"列为校级研究生质量工程创新项目之课程思政立项建设项目。

4.2 教学反思及改进

尽管三融合一体化教学构建及其基于内容的产出导向实现模式收到了一定的效果,但是还未达到成熟的程度,在以下方面仍然需探索和完善。

4.2.1 思政主题的提炼

课程思政是一种隐形的意识形态教育培养模式,所以外语类课程在进行课程思政教学设计时应注意课程思政主题的设定必须基于教材文本又高于教材文本(胡杰辉 2021)。这看似一个显而易见的事情,但是在实践中却往往会因为教师对教材文本的不同理解和对思政重点的不同把握而影响思政效果。如本教学实践所用教材第一单元阅读材料的题目为"Global Britain, SOS",讨论的是英国对于全球化的态度。与文本相关的思政主题既可以设定对老牌资本主义国家反全球化浪潮的批判,又可以设定为中国政府持续推进全球化的动因,还可以设定为全球化对国家和世界发展的影响等等。究竟哪一个思政主题更具价值、更与时俱进、更符合思政目标,有时不是一个语言教师或一个专业教师所能把握的。如前文所述,三融合一体化教学构建及其实现模式需要的不仅是"双师型"教师,更是"三师型"教师,而能够成为"三师型"教师并非易事,所以要较为精准地实现三融合一体化教学构建尚待语言教师、专业教师和思政教师之间的系统化协作。

4.2.2 思政教学补充材料的选择

如前所述,思政主题设定的不得当,会导致思政教学材料选择出现偏差。另外,即便思政主题设定得当,也不能保证思政教学补充材料的得当。出于语言训练的需要,外语类思政教学补充材料的来源不可避免地会来自于国外引进或改编教材、英美国家的网站、期刊等,学生将"直接面对多元意识形态与价值观"(陈曦明、林英玉 2022:13)[①]。这些客观情况是否会妨碍思政目标的实现甚至产生相反的作用,是一个值得警惕的问题,所以在补充材料的

---

① 在教学中,笔者选用的补充材料来自 TED Talk、*China Daily*、BBC、VOA、CCTV 英语节目等。

选择和处理上尚需建立较为系统的筛查程序。

4.2.3 思政价值导向的有效评价

基于内容的产出导向教学法要求对学生的产出进行有效的评价,这种评价包括了学生互评、教师评价和教师对学生互评的再评价等。三融合一体化教学构建始终贯彻着价值引领,而教师的评价就是价值引领的主要环节和主要手段。语言和专业复合型教师要从意识形态的高度对学生进行高水平价值引领、对国外多元的政治观、宗教观和价值观进行正确评价绝非易事,教师不仅需要系统性地提高和更新形而上的能力,而且还需要与思政教师之间建立系统的联动机制。

4.2.4 产出方式的设计

三融合一体化教学构建及其实现模式涉及大量的产出方式设计。在外语课程思政的实践中,学者们已经开始探索多种产出方式,提出了主题式、任务式、项目式等(刘光正、岳曼曼 2020),还有学者进而探索了数字化叙事产出方式(如微视频、微海报等)(杨华 2021)。但是这些产出方式与三融合一体化教学构建效果之间的关系还缺乏数据的支撑,如哪一种产出方式对培养学生的批判性思辨能力最为有效,哪一种产出方式对于学生的合作式学习更有帮助,哪一个产出方式更能够激发学生的输出意愿,各种产出方式之间的搭配关系等。这些是下一步要研究的重点之一。

5. 结语

本文在《高等学校思政建设指导纲要》的指引下,结合全国国际商务专业学位研究生教学指导委员会制订的《国际商务硕士基本要求》和《国际商务专业学位研究生指导性培养方案》,探讨了"商务英语"的课程思政内涵,提出要实现该课程思政内涵需要语言、专业、思政三者融合为一体化的教学构建,并通过基于内容的产出导向教学法对上述教学构建的实现进行探索。实践证明该教学构建及实现模式确有优点、效果和挑战性,但要很好地实现教学构建,有一些系统性的问题尚待解决、一些内容尚需进一步研究。

"商务英语"课程思政是一个方兴未艾的课题,对其深入研究不仅有利于本课程教学质量和育人质量的提升,对于其他专门用途英语的课程思政也有一定的参考借鉴作用。

参考文献:

[1] 陈曦明,林英玉. 基于课程思政的综合商务英语课程建设探究[J]. 商务英语教学与研究,2022(9):11-17.
[2] 胡杰辉. 外语课程思政视角下的教学设计研究[J]. 中国外语,2021(2):53-59.
[3] 教育部. 关于印发《高等学校课程思政建设指导纲要》的通知[Z]. (教高[2020]3 号),2020.
[4] 刘重霄,林田. "商务英语"课程思政教学模式建构及实践研究[J]. 外语电化教学,2021(4):47-55.
[5] 刘光正,岳曼曼. 转变理念、重构内容,落实外语课程思政[J]. 外国语,2020(5):21-29.
[6] 梅德明. 商务英语课程思政研究专栏开篇词[J]. 商务英语教学与研究,2022(00):1-2
[7] 全国国际商务专业学位研究生教育指导委员会. 国际商务硕士基本要求[EB/OL]. (2024-02-11)[2024-02-11]. http://www.chinamib.org/html/2016/jibenyaoqiu_1202/75.html

[8] 全国国际商务专业学位研究生教育指导委员会. 国际商务硕士专业学位介绍[EB/OL]. (2024-02-11) [2024-02-11]. http://www.chinamib.org/html/guanyumib/guojishangwushuoshizhuanyexuew.

[9] 全国国际商务专业学位研究生教育指导委员会. 国际商务专业学位研究生指导性培养方案[EB/OL]. (2024-02-11) [2024-02-11]. http://www.chinamib.org/html/2016/jibenyaoqiu_1202/75.html

[10] 孙桐,王萌萌. 课程思政建设背景下外语听力测试的改革方向[J]. 中国考试,2022(2):39-48.

[11] 王嘉铭,王晶晶. 外语课程思政育人:"隐性"假设与"显性"逻辑[J]. 西安外国语大学学报,2022(2):44-49.

[12] 王立非,江春. 高级商务英语教程(第二版)[M]. 北京:对外经济贸易大学出版社,2020.

[13] 文秋芳. 输出驱动假设和问题驱动假设——论述新世纪英语专业课程设置与教学方法的改革[R]. 首届全国英语专业院系主任高级论坛论文,2007.

[14] 文秋芳. 构建"产出导向法"理论体系[J]. 外语教学与研究(外国语文双月刊),2015(4):547-558.

[15] 杨华. 大学生外语数字化叙事能力的理论与实践研究:课程思政的新探索[J]. 外语教育研究前沿(原名《中国外语教育》),2021(4):10-17,91.

[16] 俞理明,韩建侠. 内容驱动还是语言驱动——对我国高校大学英语教学的一点思考[J]. 外语教学与研究,2012(3):1-4.

[17] 张文娟. 产出导向法理论应用的行动研究[M]. 北京:外语教学与研究出版社,2022.

The Teaching Mode Research on the Incorporation of Language, Specialty and Curriculum Ideology and Politics
— Taking the Curriculum Ideology and Politics of Business English Course for Master of International Business as an Example

WANG Wenjun

(Kunming University, Kunming 650214)

Abstract: Business English as a compulsory degree course for Master of International Business program is characterized by its humanity, specialty and instrumentality, assuming the important tasks of professional cultivation and curriculum ideology and politics. In order to impart knowledge, cultivate ability and improve quality within limited time, language training, specialty teaching and moral educating have to be incorporated in one, namely Three-in-One Teaching Construction Mode. The Content-Based-Production-Oriented-Approach, a teaching mode arising from Content-Based Instruction and Production-Oriented Approach, has turned out to be a viable methodology in realizing the Three-in-One Teaching Construction Mode and triggering many qualitative changes in teaching, for example the initiative of learning and the positive challenges both for the teacher and student. Nevertheless, some problems still need systematic coordination and further researches, such as the extraction of ideological and political theme, the choice of ideological and political materials, teachers' ability of curriculum ideology and politics, and the construction of facilitation. This research may shed some lights on the teaching of English for specific purposes.

Key words: Master of International Business; business English; curriculum ideology and politics; content-based instruction; Production-Oriented Approach

美国与澳大利亚的语言能力标准对完善中国英语能力等级量表的启示
——兼评《外语能力标准的国别研究：美国与澳大利亚》

邹 斌[1]　卜家昕[2]

([1]西交利物浦大学　苏州　215123　[2]上海对外经贸大学　上海　201620)

摘　要：本文介绍张蔚磊教授所著《外语能力标准的国别研究：美国与澳大利亚》。该书主要研究美国和澳大利亚两个国家的语言能力标准，从多个维度与视角阐释不同国家语言能力标准的制定背景、理论基础、能力框架、素养模型、编排表达模式和研制方法。该书是进行外语能力标准研究不可多得的工具书，可以为我国现有的外语政策研究提供借鉴，为进一步完善我国的外语能力测评体系、修订《中国英语能力等级量表》提供参考。本文对该书的主要内容进行了评介，并总结了美国与澳大利亚的语言能力标准对完善中国英语能力等级量表的启示。

关键词：外语能力标准；美国；澳大利亚；中国英语能力等级量表

1. 引言

"外语能力标准贯穿于外语教学的各个环节之中，是对外语学习者的语言能力从低到高的一系列描述，是外语教学目标和评价体系设计的参照和依据"(Davies et al. 1999：23)。语言能力量表(language proficiency scales)涵盖至少两重含义，其一是"评分量表"(rating scale)，其二是"语言行为水平描述语"(performance level descriptors)(李清华、孔烁 2020)。本文中所讨论的是后者的含义，即语言能力量表从不同级别对语言使用者所运用的某种语言能力进行了描述，以示其语言能力发展的不同阶段(韩宝成 2006)。制定语言能力标准是实现语言战略的重要手段，有助于维护国家和地区在政治、经济、军事、文化等方面的利益(韩宝成、常海潮 2011)。党的十八大以来，提高国民外语能力被提升到了国家战略高度，《国务院关于深化考试招生制度改革的实施意见》(国发〔2014〕35号)明确指出要建立我国国家外语能力测评体系。2018年，中华人民共和国教育部、国家语言文字工作委员会发布了《中国英语能力等级量表》(*China's Standards of English Language Ability*，简称CSE)。这是我国首个覆盖教育全学段的英语能力标准，在提升外语学习、教学和测评的质量，促进各学段衔接，推动外语教育一条龙建设方面发挥了重要作用(刘建达 2019)。

目前我国对外语能力标准体系的研究主要围绕《中国英语能力等级量表》展开，而对国际语言能力量表的引介研究偏少(张蔚磊 2022)。另一方面，《中国英语能力等级量表》虽然被学界和业界广泛使用,但收到使用者的大量反馈,仍需不断完善。因此,通过参考国际上具有代表性国家的外语能力标准的发展规律,可以为优化完善《中国英语能力等级量表》提供借鉴性意见和具体的操作指南。

鉴于此,上海交通大学出版社于 2022 年出版了张蔚磊教授所撰《外语能力标准的国别研究——美国与澳大利亚》(下文简称《美澳卷》)和《外语能力标准的国别研究——加拿大与英国》(下文简称《加英卷》)两部著作,本文着重介绍前者。《美澳卷》以《中国英语能力等级量表》作为对照,比较研究美国和澳大利亚的语言能力标准或量表,进一步明确了我国英语能力标准的研究热点及未来趋势,有助于推动我国外语教育改革并研制出输出驱动的外语能力国家标准。该书工具性极强,几乎囊括了美国和澳大利亚的全部语言量表,并对每个量表都做出了全面阐释。

2. 主要内容

2.1 两部著作简介

国际上,语言能力标准的编排和设计模式大体可以分为三类,分别是:"以美国为代表的能力水平案例例证模式、以英国和欧盟为代表的跨年级连续性尺度模式、以澳大利亚和加拿大为代表的分年级成就图模式"(张蔚磊 2016)。张蔚磊的《美澳卷》和《加英卷》涵盖了以上内容,并从美国、澳大利亚、英国和加拿大四个代表性国家出发,采用宏观和微观相结合、共时与历时并进的方法详细向读者阐述了不同国家语言能力标准的制定背景、理论基础、能力框架、素养模型、编排表达模式和研制方法等多重内容,极富有工具性。

2.2 本文所评介著作简介

《美澳卷》的主要内容分为美国篇、澳大利亚篇和中国篇。

在美国篇中,该书首先介绍了美国现存的五大语言能力量表:《美国外语教学委员会外语能力指导方针》《语言绩效描述语量表》《语言学习的世界标准》《NCSSFL-ACTFL 全球语言能力"能做"绩效指标体系》和《世界各种语言教学实用指南》;随后,作者分别对每个量表进行详细阐释,包括基本概述、发展历程、听说读写信度效度的发展与改进、量表对应的测评系统、量表的作用和影响、量表的优势和适用范围、量表与教学实践、课程设计、教学评估、学生自主学习之间的联系、量表的实际应用和注意事项。

第一章以美国的《ACTFL 外语能力指导方针》为主线进行研究。ACTFL 量表主要经历了四个版本,分别为:(1) 1986 年的 ACTFL Proficiency Guidelines;(2) 1999 年的 ACTFL Proficiency Guidelines—Speaking;(3) 2001 年的 Preliminary Proficiency Guidelines—Writing Revised, 2001;(4) 2012 年的 ACTFL Proficiency Guidelines。书中总结了《ACTFL 外语能力指导方针》中四个能力指导方针,即听力能力量表、口语能力量表、阅读能力量表、写作能力量表,并分别研究了不同能力指导方针所涉及的具体的、能力描写的参数,同时分析了四个指导方针的不足和有待进一步完善的部分,如《ACTFL 写作能力指导方针》中一些描述语存在意义模糊等问题。此外,本章还对《ACTFL 外语能力指导方针》的信度和效度进行了探究。通过结合美国外语教学委员会对不同外语能力测试的信度和效度分析报告,在剖析《报告》的研究背景、相关研究、研究问题、研究样本、研究步骤、实验研究、《报告》结果基础上，本章分别从听、说、读、写四个方面对《ACTFL外语能力指导方针》的信度和效度的过程进行了剖析。

第二章重点分析了美国的《语言绩效描述语量表》，分别阐述了语言绩效和语言熟练度，比较了语言绩效评估和语言熟练度评估之间的差异，陈述了《语言绩效描述语量表》的组织架构并分别解释了语言学习者所运用的交际型、解释型和展示型三种交流模式。作者还结合语言学习者语言绩效的参数，阐述了《语言绩效描述语量表》应用在课堂教学和测评、古典语言以及美国符号语言中的重要性。另外，本章还分析了时间对发展语言绩效能力的影响、不同语言和不同交流模式下语言绩效结果的可变性、《语言绩效描述语量表》的功能和使用范围、不同语言模式语言绩效的比较。

第三章围绕《语言学习的世界标准》及其前身《21世纪外语学习标准》对美国语言能力标准的发展历程、作用及影响进行阐述。作者深入剖析"交流""文化""联系""比较""社区"五个方面的标准内涵、教学活动标准，以及具体的评估范例表；作者揭示了《指南》对我国外语教学和外语教育政策的启示，即以标准为本进行教学评估，以标准为本对学生的表现进行评估，研发我国各个学段的整合表现评估表和语言能力进度指标(张蔚磊等2019)。作者建议教师在实际教学中重视沟通能力和文化能力，在教学中凸显语言学习的迁移及语言学习的策略能力，重点突出教学大纲的应用和指导作用，并从具体内容、研制步骤、推进策略三个方面探讨了开发我国各学段英语教学实用指南的思路。

第四章研究了NCSSFL-ACTFL"能做"指标体系。该指标体系是依据"语言学习的世界标准"(World-Readiness Standards for Learning Languages)中提出的解释性、人际性、表达性交流模式来制定的，即"解释性交流模式、人际性交流模式、表达性交流模式"三种模式(张蔚磊2022)，有助于帮助学习者进行反思，重新厘清5C中的交流标准和文化标准，从而提升其跨文化交际能力。本章围绕其内容、理论框架、应用及优势方面展开论述，指出NCSSFL-ACTFL"能做"指标体系可以帮助学生设立目标，定期检查学习进度，实现真正的终身学习，它将课堂活动、阶段性目标、国家标准和学生的终身学习无缝衔接，为学生规划学习进度和教师记录学生的成长提供途径，还可以作为课程开发和语言考核的指南。参考NCSSFL-ACTFL"能做"指标体系的优点，可以完善我国的"学习者自我评价量表"，为课程开发、语言测评、教师教学、学生自主学习提供具体的操作指南。学生可以根据自己的语言水平制定语言学习路线图；教师可以用它来衡量学生能力的进步，并规划学习目标和每个单元的学习活动。

第五章围绕《世界各种语言教学实用指南》展开研究，该指南主要为幼儿园至大学的语言教师提供世界各种语言教学的精辟见解。它可以给教师实际教学过程中需执行的外语能力标准提供详细的指导，堪称外语教学的操作手册。教师可依据《指南》设计课程与教学方案，并注重语言教学的功能和学生从事活动的目的。依据该《指南》，本章分析了交流、文化、联系、比较、社区五种标准，及其在教学中的应用，讨论了美国以标准为本的语言教学中涉及的关键概念，分析了能力标准在教学大纲中的延伸，并在此基础上围绕教学评估的含义、以标准为本的教学评估、学生表现评估、整合表现评估和标准化评估，对以标准为本的教学评估展开论述。本章以示例的方式介绍了《21世纪外语学习标准》中进度指标范例与表现标准,深入浅出。细观该指南,可以得出美国对能力标准的研究非但不局限于标准框架和细则的研制,还进一步探索出标准在实际教学课堂的具体应用指南、操作步骤以及应用实例。相比而言,我国现有的标准还停留在政策方面,细化程度和实际操作性还有待提高,应抓紧研制适合我国的"不同学段的语言教学实用指南",以提高指南和大纲的实际操作性,对宏观性文件做出细致补充(张蔚磊等 2019)。

在澳大利亚篇中,该书主要对《国际第二语言能力标准》进行详细研究与剖析,并分别从《国际第二语言能力标准》的研究背景、目的和用途、必要性、意义、基本内容、发展历程、理论基础、能力框架分析、编排表达模式、描述语的改进、信度效度、评级程序、用途范围、研制与升级过程、不足与警示等方面进行了详细阐述与分析。

第一章到第三章指出了澳大利亚的《国际第二语言能力标准》不仅可用于评估第二语言学习者的语言能力,还可应用于外语教育科研和语言政策的制定。书中先后阐释了澳大利亚语言能力标准的研制背景、研究目的、研究意义、研究动态;指出了现有研究内容大多停留在表面,没有对具体某一量表的制定与发展进行深入研究;指出了鲜有研究探讨交际能力与交际行为理论、行为主义心理学理论和结构主义语言学等理论对澳大利亚外语能力标准的影响。

第四章是本篇的重点内容,阐述了澳大利亚的《国际第二语言能力标准》的研制经历了三个时期:基于行为的图形评定量表时期、预期具体的行为锚定量表时期和针对具体表现的行为总结量表时期。本章详细列出了每个量表的优点,详尽分析了《国际第二语言能力标准》中的语言能力框架和交际能力框架,并从语言能力、策略能力、社会语言学能力及语用能力全面展开论述,得出《国际第二语言能力标准》将四个宏观技能(听、说、读、写)分别描述,每个宏观技能实际上都是交际语言能力的综合体现,但不同技能交际语言能力的侧重点又有所差异,而且在相关技能中的出现频率并不相同。书中指出《国际第二语言能力标准》主要是为了解决语言测试与语言实际使用之间存在的鸿沟,主要有三方面用途:第一,评估个体语言学习者的能力水平。第二,供外语教育科研或语言政策制定使用,如《国际第二语言能力标准》已被用于印度尼西亚、澳大利亚和东帝汶的语言计划评估。第三,为语言课程的开发和设计提供语言能力参考框架。本章还指出许多语言教师教育课程都是围绕《国际第二语言能力标准》制定的,所以该量表适用于不同类的语言,对于跨语言比较研究也有着促进作用。《国际第二语言能力标准》的编排表达模式主要采取了"能做"的量表表述形式,即完成在现实生活中可能遇到的、需要完成的语言任务的能力。这就决定了《国际第二语言能力标准》制定的原则是以学习者的基本需求为本,评估的是学习者在特定的情境中完成特定任务的能力。此外,本章选取了《国际第二语言能力标准》的最初版(1984 版)和最新版(2010 版)进行对比,分析了量表在表达模式方面如何一步步完善,对该标准的信度与效度验证过程也做了详细的描述。

第五章和第六章分析了《国际第二语言能力标准》的不足与警示,以及对于研制我国英语能力等级量表的启示。首先,面试过程中的不稳定因素可能对量表的评估结果产生影响,比如评估者的社会语言学背景、评估者的技能和经验等。其次,忽视语言行为的多维性。由于个体不同语言技能存在差异,故个体行为表现与某个语言等级相匹配时就会出现困难,这使得量表描述语的时效性成了问题。第三,过于简化二语发展的过程。由于《国际第二语言能力标准》的评估过程和时间相对于其他测试（如雅思）时间过短，而且是通过面试的方式对学习者进行听、说、读、写能力的评估，故无疑会给人一种时间越长评估准确度越高的感觉。第四，《国际第二语言能力标准》评级通常由单个评估者进行，单人评级是不可靠的。第五，评估任务的相似性。《国际第二语言能力标准》没有一套标准的材料来引出用于评估的语言样本，因此用于测试的文本和任务会随着被试者的不同而不同，也会因测试机构而异。在没有特定文本的指导下，教师使用的评估任务和材料的类型存在很大的可变性。第六，测试任务的选择对测试结果的影响。换言之，要使得测试结果尽可能地准确可靠，就要对评估者进行专业科学的训练。

该书在此篇结尾处探讨了《国际第二语言能力标准》对我国英语能力等级量表的完善的启示。第一，等级的划分。参考《国际第二语言能力标准》，在完善我国英语能力等级量表时要考虑到我国学生普遍的英语能力现状，根据学生的普遍能力进行恰当的级别划分，应避免划分过于粗糙，不能反映我国学生的真实英语语言能力发展路径。第二，描述语的选择。我国在完善外语能力量表时可以采取建立描述语库、进行质的分析、量化研究和解释的三个步骤进行设计，以增强说服力。第三，量表的信度和效度验证也是增强我国的外语能力量表科学性和说服性的一个因素，书中指出可以从评估者间信度、评估者内信度、测试-重测信度三个方面进行验证以保证其效果。

在中国篇中，该书就《中国英语能力等级量表》的相关组成部分进行比较，主要阐述了其历史沿革、研发背景、目标人群、指导原则、功能与作用、研发方法、信度和效度、组织架构、理论基础、编排表达模式、自我评价量表等，并且进一步明确了我国英语能力标准的研究热点及未来趋势。

第一章首先介绍了《中国英语能力等级量表》的历史沿革，论述了早期英语教学大纲的发展脉络。书中分别从纵向时间序列和横向同类比较切入分析，从而清晰地展现出《大学英语教学大纲》历经50年的发展与变化后，分别在教学水平、教材建设、课程设置、教学方法、教学环境、教师队伍建设、教学规模、教学内容、教学观念、教学模式等方面的成熟与完善。在分析大学英语教学发展趋势时，作者分别从宏观和微观的生态视角上探讨，指出其"遵循教育生态规律，是与时俱进的，但是还需要在此基础上循序渐进、全面推进以逐步建立现代化的大学英语教育新体制"（张蔚磊 2011）。作者指出要用整体的、系统的、动态的教育生态学理论去思考并设计大学的外语教育环境，使课程计划、目标或手段说明、计划执行和课堂教学成为一个良性互动的生态系统，达到大学外语教育环境有效的"生态化"状态。

第二章指出《中国英语能力等级量表》从多维度描述英语能力，全面界定我国英语学习者使用英语进行交际必须达到的标准，具有重要意义。本章从九个方面详细概述了《中国英语能力等级量表》的内容，包括研制背景、目标人群、指导原则、功能与作用、研制方法、信度和效度、结构框架、理论基础和编排表达模式。书中指出该量表为我国外语能力测评体系建设提供了统一标准、为我国英语教学、学习、测评提供参考框架，《中国英语能力等级量表》对语言能力进行了清楚界定和描述，广泛适用于各种英语学习者和使用者，使其可以参照量表对自己的英语能力水平进行准确定位或诊断，并针对自己的实际情况制定明确的学习目标，自我评价，记录学习轨迹，从而提升自主学习的能力。该量表注重科学性、实用性和可操作性。此外，该量表采用"能做"的方式撰写描述语，明确、直观地对语言能力的整体、各分技能以及各等级进行描述,同时采取定性与定量相结合的方法,对描述语数据的收集采取问卷调查方式,研制过程涉及了抽样、问卷设计、问卷施测以及数据分析。该量表中,语言能力可分为不同级别,不仅受制于人们对各种知识和策略的掌握程度,更依赖于对各种知识和策略的运用能力。在编排表达模式上,我国量表的描述遵循每条描述语包括行为、标准、条件三要素的模式。

第三章讨论了我国英语能力标准研究热点与趋势,主要以中国知网作为文献搜索的来源,通过共词分析和知识图谱的研究方法展开研究,并通过相似性分析、系统聚类分析、多维尺度分析和知识图谱分析的方法展示研究结果与发现,指出我国最近十年英语能力标准的研究主要集中在五个方向,分别是:"对英语测评体系的研究;对英语能力量表的本体研究;对语言能力的研究;对'教师的教'的研究;对'学生的学'的研究"(张蔚磊、雷春林 2020)。未来对"英语能力标准"的研究需要着眼于"中国特色的外语测评体系";探索量表应用模式的新路径;完善跨文化能力和翻译能力的评价机制;开展外语教师专业能力评价标准的研制;开发基于《中国英语能力等级量表》的课程标准和学生自主学习指南;注重英语课程和考试与英语能力标准一体化的实证研究。

3. 简要评述

纵观现有对于外语能力等级量表的研究,鲜有学者针对某个国家的外语能力标准进行细致、精确、全方位的描述与分析。张蔚磊所著《外语能力标准的国别研究:美国和澳大利亚》和《外语能力标准的国别研究:加拿大与英国》聚焦于外语能力标准的国别研究,并从多个维度对国际上重要的语言能力标准的开发、研制、应用、实践与发展等进行深入细致的比较研究,对完善我国的外语能力测评体系具有深远意义。简而言之,两部著作具有以下三方面特点:

第一,足够的广度。两书总揽了几个极具代表性的国家所制定的外语能力标准的全面阐述,工具性极强。如在《美澳卷》美国篇中,作者几乎详述了美国现有的全部外语能力等级量表——《ACTFL 外语能力指导方针》《语言绩效描述语量表》《语言学习的世界标准》《21世纪外语学习标准》《NCSSFL-ACTFL"能做"指标体系》《世界各种语言教学实用指南》,并对每一个标准的具体内容,来龙去脉,未来发展,实践应用等进行了全方位的描述。在澳大利亚篇中,作者从基本内容、研发背景、研制目的及用途、能力框架分析、编排表达模式,以及研制过程及方法六大角度全方位描述分析了澳大利亚《国际第二语言能力标准》,同时指出该标准对于完善我国《中国英语能力等级量表》的参考意义。在中国篇中,作者从研制背景、目标人群、指导原则、功能与作用、研制方法、信度和效度、结构框架、理论基础和编排表达模式等方面全方位呈现了《中国英语能力等级量表》,并指出其未来发展方向。

第二,足够的深度。历时与共时并进,宏观与微观共析,呈现出量表的发展过程,承上启下,融会贯通。作者在阐述的过程中力求对探讨的话题追踪溯源,对其当下的发展状况进行全方位评述,让读者既能回顾发展历程,又能了解当下现状,正所谓"知其然,也知其所以然"。例如,在澳大利亚篇中,作者对《国际第二语言能力标准》展开了细致且深入的研究,在阐述《国际第二语言能力标准》的表达模式时,作者调查了《国际第二语言能力标准》的4个版本(1984 年版、1997 年版、2006 年版、2010 年版)。在阐释《ACTFL 外语能力指导方针》

时,作者对其四个版本(1986年版本,1999年版本,2001年版本和2012年版本)逐一进行了详细的论述,并进行了前后的内容变化发展的比较研究,以方便读者看出外语能力量表修订、发展的细微过程。分别对比了不同版本量表的组成部分和表述形式、不同版本标准的表达模式。

第三,通过比较推动外语能力标准的国别研究的未来发展。纵观全书,作者从研制背景、目标人群、指导原则、功能与作用、研制方法、信度和效度、结构框架、理论基础和编排表达模式等几个方面对不同国家进行横向比较。突破了以往研究仅基于某一个国家为主的外语能力标准介绍。通过比较的方法彰显不同国家进行外语能力标准研制的发展过程、科学精神和方法论意义。同时,该书辅以系统的科学的研究方法,综合了定量研究与定性研究、大样本调查与个案研究,同时遵循发现问题、阅读文献、借鉴研究成果、提出具体研究课题,设计研究方案、实施调查、分析数据、解释调查结果的基本研究程序和规范,比较全面系统地回答研究提出的主要问题,获得了许多重要而富有价值的研究发现。

4. 对我国语言能力标准的启示

该书对完善我国英语能力等级量表具有启示性和借鉴性意义。总体来看,作者指出,对比《世界各种语言教学实用指南》,我国的《中国英语能力等级量表》不能只停留在宏观层面,需要加强实际操作性,形成具体的评估范例,为我国目前的外语教学提供科学的、标准化的指引。继而,基于《中国英语能力等级量表》开发我国各学段英语教学实用指南,方便教师一线教学的具体执行。

具体来看,关于美国的语言能力标准,作者通过分析美国量表的发展过程,提出:(1)中国各地区、各学段的外语教学大纲要与《中国英语能力等级量表》接轨,不同地区或者不同学段需要配合量表的实施而专门开发相对应的考核模式;(2)参考"NCSSFL-ACTFL能做绩效指标体系",我国的"学习者自我评价量表"应在课程开发、语言测评、教师教学、学生自主学习方面提供具体的操作指南,以达到学生可以根据自己的语言水平制定语言学习路线图、教师可以用它来衡量学生能力的进步,并规划学习目标和每个单元的学习活动的目的。

除此之外,美国21世纪外语学习标准对各个阶段的学习者的外语目标的考评表述也值得认真探讨。其描述全部采用"能做某事"的表述形式及全部采用肯定的表述形式,这一特点给我国语言能力标准的制定带来许多启发。此外,其中的交际(Communication)、文化(Culture)、连接(Connections)、比较(Comparisons)和社区(Communities)这五项标准语言表达明确,也具有可操作性。每一模块都有具体的解释和要求。美国各州正是根据此标准来制定具体的、可衡量和可操作的教学标准指标和不同层级的各项指标标准。该标准的教育理念是新型教育理念的代表,扩展了外语教育的内容,从知识层面扩展到了应用层面,注重人际交流、文化认知等方面,以学生全面发展为最终的目标(黄碧玉 2019),这一点值得我们借鉴和参考。罗青松(2006)评价这五项标准是不可分割的,他们相互作用,相辅相成。这五项标准共同组成一个大的框架,旨在帮助学生掌握交际技能、学习策略、批评思维技能、对文化适当要素的理解、技术知识等,而不是让学生纯粹地记忆语言成分。

关于澳大利亚的语言能力标准,作者通过分析澳大利亚的《国际第二语言能力标准》,提出了我国应完善和细化外语能力量表,对学生在某个特定学段应该达到的学习要求做出更详尽的描述、注重学习者综合素质的提升、定期更新以保证其时效性。其他学者也认为"澳大利亚第二语言能力量表对不同等级的英语能力细化程度高,且每个等级伴随相关的听说读写四个技能的描述指标,因此适用于不同类型的学习者用此量表衡量语言运用能力"(黄碧玉 2019)。

基于此,作者指出了我国英语能力标准未来的研究方向:(1)完善适合中国学生的英语测评体系,开发对接《中国英语能力等级量表》的相关测试工具;(2)对现有量表的效度进行完善和改进,探索其应用模式的新路径;(3)完善跨文化能力和翻译能力的评价机制;(4)外语教师专业能力评价标准的研制;(5)开发基于《中国英语能力等级量表》的课程标准;(6)研发应用《中国英语能力等级量表》的学生自主学习指南。

5. 结语

当前,我国的《中国英语能力等级量表》虽已出台数年时间,但在实际教学与应用中仍然存在需要进一步优化和完善的地方。如今正值修订完善的关键时期,张蔚磊教授的专著《外语能力标准的国别研究:美国与澳大利亚》内容翔实、结构严谨、逻辑严密,从国际上重要的语言能力标准的应用实践入手,进行深入地比较研究,分析其不同的特点与利弊,对外语能力标准的国别研究的未来发展及完善我国语言能力等级量表具有启示意义,为《中国英语能力等级量表》的修订和完善提供了宝贵经验。例如,对比《世界各种语言教学实用指南》,我国的《中国英语能力等级量表》不能只停留在宏观层面,需要加强实际操作性,形成具体的评估范例,为我国目前的外语教学提供科学的、标准化的指引(张蔚磊等 2019)。又如,参考"NCSSFL-ACTFL 能做绩效指标体系",我国的《学习者自我评价量表》应在课程开发、语言测评、教师教学、学生自主学习方面提供具体的操作指南,以达到学生可以根据自己的语言水平制定语言学习路线图(张蔚磊 2022);教师也可以用它来衡量学生的语言能力是否得到进步,并通过自我评价量表帮助学生树立阶段性目标,在后续的教学活动中,可以辅以多模态教学手段,有目的性地搭建并激活学生脑中的认知框架,提升其语言感知和识解能力,并通过构建真实的交际环境完成对知识的框架移植(罗李阳 2022),帮助其提升语言能力和自我效能感,增强二语教学工作在具体实践场景中的应用效果。

参考文献:

[1] DAVIES A, BROWN A, ELDER C, HILL K, LUMLEY T, MCNAMARA T. Dictionary of Language Testing [M]. Cambridge: Cambridge University Press, 1999

[2] NORTH B. The Development of a Common Framework Scale of Language Proficiency[M]. New York: Peter Lang, 2000.

[3] WYLIE E, INGRAM D E. International Second Language Proficiency Ratings (ISLPR): Master General Proficiency Version (English Examples) [Z]. Nathan, Queensland: Centre for Applied Linguistics and Languages, Griffith University, 1999.

[4] 国务院. 国务院关于深化考试招生制度改革的实施意见[Z]北京, 2014

[5] 韩宝成. 国外语言能力量表述评[J]. 外语教学与研究, 2006(6).

[6] 韩宝成, 常海潮. 中外外语能力标准对比研究[J]. 中国外语, 2011(4): 39-46.

[7] 黄碧玉.各国语言能力标准对建构越南汉语能力标准的启示[J].新西部,2019,(03):101-103.
[8] 李清华,孔烁.语言能力等级量表效度研究评述[J].北京第二外国语学院学报,2020,42(5):32-45.
[9] 刘建达.我国英语能力等级量表研制的基本思路[J].中国考试,2015(1):7-11
[10] 刘建达.中国英语能力等级量表[J].中国外语,2019(3):1,11-12.
[11] 罗李阳.认知框架理论视角下的商务英语语篇听辨教学策略[J].商务英语教学与研究,2022,(00).
[12] 罗青松.美国《21世纪外语学习标准》评析——兼谈《全美中小学中文学习目标》的作用与影响[J].世界汉语教学,2006(01):127-135.
[13] 张蔚磊.大学英语教学大纲对比分析——生态化视角[J].现代教育科学,2011(05):148-151.
[14] 张蔚磊.发达国家外语能力标准比较研究与我国外语能力标准构建[J].外语界,2016(06):71-76.
[15] 张蔚磊.美国语言政策研究:《语言学习的世界标准》的内涵与启示[J].浙江外国语学院学报,2019(02):25-31+37.
[16] 张蔚磊.美国ACTFL外语能力指导方针研究及启示[J].外国语文研究(辑刊),2021(00):109-120.
[17] 张蔚磊.NCSSFL-ACTFL全球外语能力"Can-do"绩效指标体系研究及其对我国"学习者自我评价量表"的启示[J].外语教学理论与实践,2022(04):63-73+162.
[18] 张蔚磊.外语能力标准的国别研究:美国与澳大利亚[A].上海:上海交通大学出版社,2022.3
[19] 张蔚磊,雷春林.我国英语能力标准的研究热点及趋势——基于近10年来CNKI论文的知识图谱计量分析[J].外语教学,2020,41(06):60-66.
[20] 张蔚磊,宋秋逸,魏冬亮.《世界各种语言教学实用指南》与我国各学段英语教学实用指南开发[J].当代外语研究,2019(06):11-25+36.

Implications of the Language Proficiency Standards of the United States and Australia on Improving China Standards of English
— A Review on *Cross-nation Study on Language Proficiency Standards*

ZOU Bin[1]   BU Jiaxin[2]

([1] Xi'an Jiaotong-Liverpool University, Suzhou 215123;
[2] Shanghai University of International Business and Economics, Shanghai 201620)

Abstract: This paper reviews the book *Cross-nation Study on Language Proficiency Standards: the United States and Australia* authored by Professor Zhang Weilei. The book mainly explores the language proficiency standards of the United States and Australia, and elucidates the background, theoretical basis, competency framework, proficiency model, composition and expression patterns, and research methods of language proficiency standards of the United States and Australia from multiple dimensions and perspectives. The book is an indispensable tool for conducting research on foreign language proficiency standards. It can provide a reference for current research on foreign language policy in China, further improve the foreign language proficiency assessment system in China and contribute to revise China Standards of English.

Key words: The foreign language proficiency standards; America; Australia; China Standards of English

第三届全国商务翻译大赛工作报告

郭 义

(上海对外经贸大学 上海)

由全国翻译专业学位研究生教育指导委员会、中外语言文化比较学会、上海市外文学会、上海市科技翻译学会和上海对外经贸大学共同主办,上海对外经贸大学国际商务外语学院承办的第三届全国商务翻译大赛评审工作历时两个月,经过初赛、复赛、终评三个阶段,现已圆满结束。我谨代表大赛主办方对本次大赛做一简要回顾并汇报本次大赛的评审工作。

一、大赛简介

2022年党的二十大报告指出,要"加强国际传播能力建设,全面提升国际传播效能,形成同我国综合国力和国际地位相匹配的国际话语权"。翻译与国际传播能力已经成为外语学科人才培养的应有之义。本届大赛旨在推进国家翻译能力建设,提高参赛者讲好中国故事、传播中国文化的能力,为中国走向世界和让世界读懂中国提供智力支持。大赛将同时举办商务翻译研究高端论坛,翻译界专家学者与翻译行业精英将齐聚上海,共话商务翻译在国家对外开放新战略中的重大意义,探讨培养高端商务翻译人才、服务党和国家事业发展的有效路径。本届大赛采用"竞赛+论坛"的模式,旨在以赛促学,培养商务翻译人才,同时为国内学界、业界交流搭建平台。

本次大赛分英译汉和汉译英两个奖项,自2023年5月5号发布一号公告后,得到了全国广大热爱翻译的青年学生的积极响应,大赛报名人数总计5 739人,来自全国394个学校或单位。

参赛人数位居前6名的学校如表1所示:

表 1 参赛人数学校排行表

排 序	学 校	报名人数
1	济南大学泉城学院	300
2	广东科技学院	216
3	华北理工大学轻工学院	165
4	上海对外经贸大学	147
5	运城学院	125
6	曲阜师范大学	123

本届大赛初赛最终收到了3 186份译文,其中英译汉2 020份,汉译英1 166份。经评审最后入围选手总计80人,其中参加英译汉和汉译英赛事的选手共40名,具体分布情况如表2所示:

表 2 决赛入围比率

项 目	初赛报名	初赛译文	决赛入围	入围占比
报名人次	5 739	3 186	*80	2.51%
英译汉组	3 320	2 020	*40	1.98%
汉译英组	2 419	1 166	*40	3.43%

(注:表2所提供的入围比是决赛入围和初赛译文提交者的比例,并非报名选手。)

二、大赛评审机制与流程

在线初赛于5月20日举行,限时3小时。6月18日发布入围名单,7月5日上午举行现场决赛,赛后即刻组织专家评审并确定获奖名单,7月6日举行盛大的颁奖典礼和"数智时代翻译与国际传播人才培养高端论坛"。

初赛评审流程如下:首先用试译宝进行海选(初评),由上海对外经贸大学组织专家团队进行抽检复查,以确保评审的合理性与公正性。试译宝以专家团队提供的四份评分标准对参赛译文进行检测,将选手参赛译文与百度、必应、搜狗、谷歌、有道、小牛、腾讯、DeepL等八个主流翻译软件的译文进行对比,得出选手译文与机器翻译的匹配程度,从而获取并报道参赛译文整体质量的详细数据。在这一过程中,试译宝公司负责译文抽样调查,工作人员对不同分数段译文进行抽查和对比,确认平台打分的准确度和相关性,向组委会建议后续人工阅卷的分数段,我校专家团队进行复审。鉴于当前翻译软件的不完善性,我们对初审最后的"优中选优"环节进行了人工干预。

7月5日上午决赛结束后即刻进入紧张的评审阶段,评审过程中每份译文均经过了四位专家的审核。评审流程如下:每份译文由四位专家独立打分,最终成绩取均分,专家再对各组排名前20位进行复审,最后专家组对决赛入围译文进行复核、排序,参赛译文的排名和最后的奖项等次在这一阶段确定。

三、问题分析

在本次商务翻译比赛中,绝大部分参赛者的态度普遍认真,翻译过程严谨,表达流畅,行文规范,但也发现部分参赛者在如下几个关键方面存在问题。首先,部分选手过度依赖机器翻译工具,导致思路受限,未能充分展现实际翻译水平。机器翻译在某些方面的确可以提供便利,但在商务翻译中,其翻译结果可能存在语法、用词错误,以及缺乏语篇连贯性和逻辑性。因此,选手借助人工智能辅助这一现代化工具来辅助翻译的同时,还需要选手提升译后审校能力,能够准确判断出机器翻译结果的不当之处并进行修改。其次,相关领域的专业知识掌握不足,不能准确翻译商务术语也是选手的一大不足前天,如英译汉中经济学与高尔夫行业相关术语,部分选手在翻译"sunk costs"(沉没成本)、"balance sheet"(资产负债表)等专业术语中有欠准确。在汉译英中诸如"一带一路"倡议(The Belt and Road Initiative)、"共商、共建、共治、共赢、共享"(consultation collaboration, participation, win-win cooperation, and shared benefits)等已有稳定译法表达中也出现了各类失误。最后,文风把握不当也是参赛选手的不足之处。商务文体兼具学术性与通用性,因此英译汉的作品译文风格往往与原文风格不统一,在选手的译文中经常会出现不顾原文内容强行拼凑四字格等现象。

商务翻译比赛考核的不仅仅是语言转换,还包含对文化差异的理解和适应。因此选手未来特别需在如下方面钻研来提高翻译能力。首先,不同文化对于商务行为和交流方式有着各自的规范和习惯,选手需要根据目标语言和文化灵活调整表达方式,同时也要保持忠实于原文的表达风格和意义。第二、翻译比赛中的学术性与通用性平衡也是关键。学术性的翻译需要运用相关领域的术语和语言规范,而通用性的翻译则需以通俗易懂的方式表达。第三、关注衔接与连贯。选手需在段落和句子之间保持逻辑关系和信息连贯性,确保原文和译文在段落和句子之间的逻辑关系和信息连贯性上保持一致。最后,需注意全篇译文在语言和文化表达上相一致。概言之,商务翻译对译者在"道"和"术"两方面提出了一定要求。在"道"上,需要译者加深对职业翻译的认识,打好语言基础,尤其要重视母语,讲好中国故事,增强跨文化意识;在"术"上,需要译者重视积累、善于思考、勤于实践、拓展商务与文化知识、加强跨学科和知识学习、更要学会利用新技术。

在本次大赛圆满结束之际,我们向所有获奖选手表示热烈祝贺。同时,我们向全国各地的高等学校、社会各界相关机构、专家学者、工作人员和所有参赛人员表示诚挚的敬意和感谢。希望这次翻译大赛能够对我国的商务翻译教学与研究事业起到积极推动作用,并期待通过大赛促进青年翻译人才的成长与发展。

附1:获奖名单

英译汉组一等奖(3人):陈婧伊、陈悦、童华明

汉译英组一等奖(3人):白雪、禹婕、周琳凡

英译汉组二等奖(6人)：顾梦婷、何煜婷、嵇梓凡、冉琴、朱超级、张凌云

汉译英组二等奖(6人)：贺洁、邵扬紫、孙丰泾、谭琳、杨梦杰、叶婉怡

英译汉组三等奖(10人)：胡晨欣、吕存亮、李亚鹏、毛铠源、彭昱臻、王孔成、王宇欣、邹慧芳、张橦、张颖璇

汉译英组三等奖(10人)：毕雨婷、陈金花、邓尧玲、郭洪基、郭晓楠、王雪纯、徐沂、于点、张姚懿、赵世坤

英译汉组优胜奖(4人)：程树明、李可欣、刘文超、潘彦珩

汉译英组优胜奖(6人)：邓小坡、李跐、沈伟源、盛小蓉、赵婉婷、郑金洁

优秀指导教师奖(1人)：周正履

优秀组织奖(10家)：济南大学泉城学院、广东科技大学、华北理工大学轻工学院、浙江财经大学、运城学院、曲阜师范大学、广东省外语艺术职业学院、河南牧业经济学院、西安财经大学、武汉华夏理工学院

附2：评审委员会

顾问专家

黄友义、吴笛、黄源深、叶兴国、柴明颎、冯庆华、查明建

专家委员(按姓氏笔画为序)

王华树、李梅、杨枫、吴朋、吴赟、张爱玲、陈科芳、胡加圣、陶友兰、陶庆、韩子满、傅敬民、温建平、黎昌抱

史有为新作《汉语外来词》述评

朱 雷[1] 徐梦婷[2]

(^{1}上海政法学院 上海 201701 ^{2}华东理工大学 上海 201424)

摘 要：史有为2021年英文版著作《汉语外来词》为汉语外来词研究的最新成就。该书用英文探讨了汉语外来词的术语变化、具体分类、对汉语的影响、历史变化、发展趋势与热点研究等内容。全书具有例证丰富、分类清晰和结构紧凑等特点，无论对于研究者还是初学者而言，都具有不可多得的参考价值。

关键词：汉语；外来词；历史变化

1. 引言

汉语是中国使用人数最多的语言，也是世界上作为第一语言使用人数最多的语言，是中华优秀传统文化的重要载体。在其数千年的发展历程中，几乎没有出现过断层或中断，显示出茁壮的生命力。汉语的发展，与世界任何民族语言一样，都在不断吸收、融合外来语言文化的历史。这种吸收和融合，形成了一大批具有丰富词汇体系、反映文化交流、增强国际地位、体现语言动态等特征的外来词。史有为教授的2021年英文版《汉语外来词》是对汉语词汇系统中的外来词进行全面性、系统性研究的最新重要成果。

2. 内容简介与简评

史有为教授是我国近几十年来对汉语外来词进行全面、系统研究的主要学者之一。他于2000年出版了《汉语外来词》一书，在2013年又对该书进行了修订和增补；2021年，在增订版的基础上，结合近十年的最新语料和研究成果，以向世界译介优秀中华传统文化为己任，推出了这部英文版《汉语外来词》。

该书全书共分六章，分别从外来词对汉语的影响、历时概述、特点和作用、具体分类、发展趋势与规范、国内研究概况等方面来介绍汉语中的外来词。

2.1 外来词和语言的外来影响①

第一章首先对"外来词"概念的内涵和外延进行了界定，解读了与"外来词"相关的若干术语及作者选定该术语的缘由；继而着眼于外来词的产生方式，点出了外来词类型的四个基本层次，即借音词、音义拼合词、借形词和仿译词；然后分析了外来术语和外来概念对其所进入语言的词汇系统以及语音、语法和语用的影响。本章还辟出专节，重申外族语言的语词进入本族语言的三种基本方法——借音并借义(简称"借音"，俗称音译)、单纯借义(简称"借

---

① 此小节名沿用《汉语外来词》(增订版)章名。以下5个小节名同此。

义",俗称意译)借形并借义(简称"借形"),阐述了日语汉字词在汉语中的地位。书中指出,对于外来术语和概念,汉语实施了书写、语音、构成、语义和实际使用等五个方面的"汉化",使其融入自身的有机整体。

关于"译语""译名""译词""外国语"等"外来词"的"前身"以及"外来语""(外来)借词""(外来)借语""外源语""借入语""借用语""借字"等"外来词"的同义概念和术语,作者从汉语、英语、日语三种语言中自古到今的相应表述入手,详细考证和阐述了这一变迁史。书中指出,"外来语""借语"等术语其实源于日语汉字词,本身就是外来词,属于借形词。中国正式使用"外来词"一词,并逐渐成为多数场合下使用的主要术语,大约始于1958年。

尽管汉语通常对外来语词进行脱胎换骨的"汉化",有些甚至已经无法一眼从词形上看出起外来属性或痕迹,但也直接吸纳并保留了大量的字母词,尤其是在我国实行改革开放政策之后。当然,字母词成为汉语外来词的组成部分,必须遵循我国的语言文字规范政策和法规。书中虽未明确指出这一要求,但作为语言教学和研究工作者,还是应当具备这一常识和觉悟。

2.2 外来词的历时概述

第二章将外来词进入汉语的历史分为远古、上古、中古、近古和近现代五个时期进行概述。书中远古时期指公元前2070年之前的历史阶段。其间,源于古巴比伦、与中国古代表示十二年的地支术语间存在着有趣词源关系的12个虚构星座名,很可能是通过中介语言传入我国并融入汉语。

上古时期指公元前2070年起至公元220年的历史阶段。有学者认为《离骚》这一标题可能是突厥语sola/sula的倒置,最初意为"禁锢""断绝",后来引申为"牢愁"义;另如古汉语中"荃""灵""羌""些"等词均源于古突厥语。《说文解字》中"聿"和"弗"与现代汉语"笔"相关,古称"不律",可能源于远古南岛语系。楚辞中的"飞廉"则代表"风",为东夷语言残留的外来词;"谷"与"禾"二字大约来自壮侗族古语。汉代张骞出使西域,带来大量日常用语,如"苜蓿""狮子""石榴"等。

书中的中古时期指公元220年至684年——这一划分令人困惑,与中文版的魏晋南北朝至隋唐时期起始时间存在出入。其间,大量植物、宝矿、音乐和舞蹈语词及西域摩尼教的星期词语进入汉语。各民族的制度名号也大量使用,如鲜卑族的"可汗"、突厥族的"土门"(即万夫长)等,还有大量来源于百越和三苗族语言的语词,也在其间进入汉语。近古时期指公元685年至1840年间,中文版称"宋元明清时期"。其间,契丹族、女真族、蒙古族和满语词汇对汉语产生了深远的影响,包括"胡同""格格""萨其马"等大家耳熟能详的语词。

1840年是我国史学界划分古代与近代的时间线。进入近现代,外来词融入汉语迎来了生机勃勃的新时期:海量的政治、经济、科技和军事等外来语词涌入汉语词库,如"乌托邦""逻各斯""伯理玺(天德)""安培"等。来源于日语的汉字词经由翻译作品等媒介无障碍平移进入汉语词汇系统,诸如"经济""政治""社会""政府""电话"等借形词,让很多中国人误认为汉语原创词。这些术语对于当时以及其后翻译西方著作、传播现代科学技术、变革思想观念起到了积极作用。由于特定的历史原因,在20世纪五六十年代,源自俄语的外来词充斥了各行各业各领域,几乎垄断了外来概念的输入渠道。也由于历史造成的社会形态差异,内地和港澳台所吸收、沉淀的外来词,哪怕语源、语境相同,也常常存在形式和功能上的差别。随着网络时代、数字时代的到来,人际交流的平台、方式呈现全新模态,外来术语和概念的数量急剧膨胀,而且很大一部分呈现"产生快消亡也快"的现象;能否沉淀为外来词,还需接受"汉化"规则的考核和检验。同时,外来词的生成规律或规则被广泛运用于本族语的网络热词和流行语的造词实践中。譬如动画、动漫、游戏等二次元文化领域就存在大量源自日语汉字词的外来词以及类似的仿造词。

2.3 外来词的性质与功用

第三章介绍外来词的特点与作用。外来词具有多重特征,拥有语言、文化、社会三种符号身份,是语言文化相互影响的一种表现。外来语汇被引进后,汉语做出相应的意义"收编",即糅合外来词义与本土词义,以适应表达需要。外来词这种语言文化上融合,即表现为语义内容和语法内容的融合,也表现为读音的改造和词语结构的改造。同时,外来词引入也会引起文化上的冲突,如外来词与外来词之间、不同类型外来词之间、语词与非语词之间均会产生冲突。

就外来词的功用而言,首先表现在语言系统本身,即补充本族语词汇在表意方面的某些不足,强化、促进汉语复合式构词的趋向,带来词汇的复音化和富集化;也补足了本族语构词方法和构词能力的不足,开辟了另类构词的新路。具体而言,譬如,促进了附加式构词(即"词根+词缀")方式的发展,催生了散性构词(如谐音、谐意等)形式,巩固了字母词或夹带字母词的地位,还增加了新的音素或音素组合进入汉语的可能性。此外,外来词还在文化、社会和心理等方面起到了充当文化传递使者、彰显社会阶层、产生特殊心理效果的作用。

2.4 外来词的类型

第四章在提出资格认定五个标准的基础上,对外来词进行了分类。认定是否合格的外来词,可从借入方式、应用、频度、社群和语义五个方面去衡量。类型的划分则区分了形式、功能、社会属性、语义和来源等角度。外来词的形式包括借音、音形兼借、半借音半借义、单纯借形四类;在功能上,则将外来词区分为引进性应用、介绍性应用、注源性应用和研讨型应用等四种应用类型,至于使用频度,则区分最常用、常用、不常用和罕用四类。外来词的社会类型指将其借入并使用的社群类型,区分了全员社群、母(体)社群、子(体)社群和特殊地方社群。其中母体社群又细分为中心社群和地方社群,子体社群则细分为主居和客居两类;特殊地方社群则重点介绍了中国台湾和香港两个地区。地方社群的划分可因地理、族群等不同而标准而不同。

从语义的角度分析外来词类型,是本书作者的一个创见。本书根据预测和类推的难度,首先将外来词划出语词和专名两类,前者大多有概念内涵,具有较高的认知或抽象价值,而后者无概念内涵,只有指称价值;两者可相互转化。然后从"语义+使用范围"的复合角度,分析出了术语类外来词。作者认为,术语与俗常语词之间也可相互转化,但术语是词汇中对社会文化发展"最有意义、最有价值"的一部分。本章最后两节侧重分析了日语词源的外来词和"洋泾浜"以及所谓的"掺和外族语"现象。

2.5 外来词的走向与趋势

第五章阐述了汉语外来词的发展趋势和规范化进程。汉语借入外来词的历史大约有两千年,出现过两段持久高潮期和两个短暂的小高潮。第一次借入外来词的高潮期是从东汉到唐代,第二次是从晚清到近代中国。小高潮的第一次发生在元代,大规模借用蒙古语词汇,然后迅速消退;第二次发生在清代,我国的东北和北京周边地区曾大量使用满语,也很快偃旗息鼓。

从历史的角度看,词的稳定度证明意译的借入方式似乎比音译更适合汉语。譬如,源于日语汉字词的外来词本质上是西方术语的语义借入。这种借入方式的走向主要表现为:(1)音译改为意译为主;(2)有时单纯音译改为谐音音译;(3)极少意译改为音译。从现实的角度看,以英语和日语词源的外来词为例,意译词比音译词在数量是占绝对优势;对常用语文词典的数据分析,也可证明这一趋势。影响这些走向的因素主要来自本族语言文字本身,也有语言使用的心理因素。

汉语外来词的规范化体现在标准的灵活性上,灵活性也是规范化原则。影响汉语外来词的规范化的因素有音节结构、字长、角色的选择、用户认知模式以及在积极使用中的耐久性。耐用为标准化主要规则,经得起日常使用考验才有可能被使用者接受;使用者应该有权做出权衡和选择。规范化的词语应该简短,易于发音,并得到专家适当的把关。

2.6 外来词研究概况

第六章呈现了国内外来词研究的概况。作者从语言、文化、社会、综合和学科建设五个方面,将外来词的研究领域细分了22个角度。外来词的词源研究被认为是最重要的基础研究,也是难度最高的研究。外来词的文化和社会研究可对有趣的社会文化现象做出溯源性解释,对文化建设和译介传播意义重大。

外来词的类型研究主要集中于借入类型、资格判定标准以及第四章所论及的其他类型。由本章可知,从唐代到20世纪50年代,我国学者和国家有关部门对于外来词的规范及相关研究都曾做出不懈努力和重大贡献,如玄奘、徐寿、严复等著名人物以及国家术语委员会、国家编译研究所等官方机构;我国台湾"中央通讯社""编译馆"等机构以及子迅、姚荣松、竺家宁等学者的研究和贡献也颇值得关注。作者还指出:近年来,外来词相关论文与专著的数量显著增加,学位论文选题也明显增多,英语、日语等外来词的研究受到极大关注,说明我国学界对外来词的研究越来越重视。

3. 感言和结语

史有为先生的英文版《汉语外来词》(2021),作为一本研究汉语外来语的最新专著,不仅适用于语言学习者阅读,也适合专业人士参考。一方面,该书通俗易懂,极为读者友善,随处可见翔实的例证,向语言学习者清晰展现了外来词的历时发展轨迹;另一方面,书中充足的语料、独到的创见和细致的分析解读可对语言接触、社会语言学和词典编撰等专业人士提供不可多得的学术指南和参考。借助史先生的笔触,读者似乎见证了新旧词语的合力之下,当年那场脱胎换骨的新文化白话文运动正在勃兴;似乎也能看到,各个时期的各类外来词不仅承载了社会变革和科技进步的新涵义,也记录了汉字文化圈的文明进步的足迹。

不过,作为第一本系统研究汉语外来词的理论书籍,其理论表述上难免存在一些争议之处;而且,由于出版成书较早,贴近当代现实生活的例子略显缺失,难以反映出新世纪背景下汉语外来词的发展轨迹。这一 2021 年的英文新版尽管增加了不少新例,但与原文框架的磨合似有商榷之处。再者,该书疑似带有热销读本的定位,与刻板印象中的严肃学术专著不同,让习惯了阅读严肃学术作品的读者或许难惬其意,对某些技术处理难免存在不同理解。

值得一提的是,商务印书馆于 2000 年即出版该书初版,于 2013 年推出增订版;2021 年由颇具盛誉的国际学术出版机构 Routledge 推出了英文新版。英文版系在 2013 年增订版基础上翻译而成,其中有些亮点值得关注。其一,作者优化了标题和分类框架,更为清晰直接;在一些地方做出增补与删削两种处理,更贴合英语受众的接受方式和阅读习惯。其二,增补或较大幅度修改了部分内容,如§1.4、§2.6、§2.7、§6.8、§6.9 等,参考文献(Bibliography)也有大幅扩充。其中,§6.8 增加了 21 世纪早期的外来词研究成果,从研究规模、研究焦点、网络推动和静态动态发展等方面展开;§6.9 概括了汉语外来词的原因、本质和研究方法。其三,有些修改或调整看似细微,但包含了不同语言的表述风格和呈现特色,如§1.4 标题从"日语汉字词在汉语中的地位"变更为"日语和字母词的图像地位:介于纯粹外来词与本土词之间",分类阐释更为丰富准确。又如§2.6 与§2.7 标题中时间轴具体到年份,更为精确直观;所举例子更为丰富,时代感更强。再如§4.2.1、§6.1 等的英文表述与 2013 版中文存在较大差别,由"外来词的功能类型"译成了"外来词的四种应用类型"更具有提示性;§6.1 中文版标题"外来词研究的角度和方面"英文版译为"外来词研究的领域",其下 22 个角度中文版采用凸显汉语特色的四字格表达,而英语翻译并未趋从这一语体,阅读习惯上更靠近英语读者。其四,英文版新增参考文献数量引人瞩目,其中期刊文章的数量有近 300 篇,而 2013 版仅有 3 篇。

总而言之,史有为先生这部新著可引发我们对汉语生命力问题的系列思考。汉语的生命力体现在强大包容性上。外来词对汉语的影响从古到今从未中断过,大大丰富了汉语的表达形式和内容。通过不断吸收其他语言的表达形式,充实和完善自身系统中概念的表达维度,汉语的活力也得以越来越充沛地激发。史有为先生提醒读者,在引入和使用外来词语的过程中,还需考虑社会、民族和文化等因素,关注译入语是否为民众所喜闻乐见、是否符合民众的表达习惯等。汉语中的外来词彰显了中华语言文字"海纳百川"的胸怀,也必将为更好地讲好中国故事、传播中华优秀传统文化发挥积极作用。

参考文献:

[1] SHI Y W. Loanwords in the Chinese Language [M], London and New York: Routledge, 2021.
[2] 史有为. 汉语外来词 [M]. 北京: 商务印书馆, 2000.
[3] 史有为. 汉语外来词(增订版)[M]. 北京: 商务印书馆, 2013.

A Review of Shi Youwei's Latest Monograph
—*Loanwords in the Chinese Language*

ZHU Lei[1] XU Mengting[2]

([1]Shanghai University of Political Science and Law, Shanghai 200083;
[2]East China University of Science and Technology, Shanghai 201424)

Abstract: Shi Youwei's monograph—Loanwords in the Chinese Language represents the latest academic achievements on Chinese loanwords. This book deals with various aspects of Chinese loan words, including the terminological evolutions, scientific classifications, impacts on Chinese language, historical changes, development trends, and the frontier research areas. This monograph has the following conspicuous features: abundant examples, clear classifications, and well-organized structures. Shi's book can provide both beginners and experts on the field of Chinese loanwords valuable ideas.

Key words: Chinese; loan words; historical changes

征 稿 启 事

《商务英语教学与研究》是上海市教委外国语言学及应用语言学重点学科创办的集刊型论丛,由上海对外经贸大学国际商务外语学院承办、上海外语教育出版社协办。

本研究论丛的主要栏目包括:商务英语教育与理论研究、商务英语教学研究、商务英语语言研究、商务英语翻译研究、跨文化研究、商务英语教师与学习者研究、商务英语测试与评估研究等。本研究论丛每年定期出版,以理论联系实际、学术性与应用性兼顾,教学与研究并重为宗旨,鼓励科研工作者开展原创性的商务英语理论研究,支持广大教师以教学实践为基础的实证研究,促进商务英语学科建设与发展,为培养高素质商务人才服务。

本研究论丛现面向全国商务英语研究者或教学工作者征集稿件,投稿事宜如下:

一、稿件要求:

1. 稿件应包括三部分

(1) 首页:应**依次**包含论文标题、作者姓名、工作单位、摘要、关键词(以上内容均包含中英文)、通信地址、联系电话。

(2) 正文

(3) 参考文献:按所引文献的作者姓名拼音顺序排列。

2. 论文篇幅在 8 000 字以内。

3. 来稿一律使用 Word 排版,论文格式具体请见附件中的《体例说明》。

4. 正确使用标点符号,表格设计要合理,推荐使用三线表。

5. 文中图片要清晰,并注明图号。

二、投稿说明:

1. 来稿请务必保证文章版权的独立性,严禁抄袭,请勿一稿多投,违者后果自负。

2. 本论丛编辑部对稿件有修改权,不愿改动者请事先说明。自收稿之日起两个月内若未收到稿件录用通知,作者可将稿件自行处理。

3. 稿件请发送电子版本。投稿邮箱为:betandr@126.com。

三、编辑部联系方式:

电话:021－67703290

通信地址:上海市松江区文翔路 1900 号上海对外经贸大学博雅楼 403《商务英语教学与研究》编辑部,邮编:201620

《商务英语教学与研究》体例说明

一、关于注释和参考文献

　　注释的目的主要在于标明作者在文章中直接或间接引用他人语句或观点的具体出处,它不仅是为了满足读者查证、检索的实际需要,也是规范的学术研究所必需的"附件",正如专著中的书目一样,它显示着一个学术成果的视野、质量、水准、趣味等诸多方面。同时,对待注释的态度也反映出作者的治学态度,诸如引用他人观点或语句不做注释或在注释中不客观、翔实地注明真实出处,将第二手材料说成第一手材料等等,均有违学术道德。因此,凡涉及论文论点的形成,对论点进行论证、阐述所引用的资料信息,都应该提供出处,给予注释,并在书后以参考文献形式列出。

　　为规范本刊的注释和参考文献体例,特制定这一体例说明。

二、注释和参考文献格式

　　本刊所称的"注释",主要包括两种:(1)脚注。主要用于补充说明额外的相关信息,以避免行文句子过于冗长、繁杂。原则上不提倡使用文后注。若此类注释涉及文献出处,则应尽量避免与文后参考文献列表原样重复。(2)文献缩略标注式。主要用于在文中呈现观点、引文(含译文)的文献出处。注释中提及的文献,应与文后的参考文献列表对应,不宜缺漏;未经引用或引述的文献,不宜凭空添加至列表中。

　　行文中标注引用的文献出处时,区分两种形式:一是文献缩略表述式,即"姓氏+(年份:页码)",其中页码可有可无,有则与年份用冒号分隔,如 Halliday and Hasan(1985:15),在句中主要用作主语或宾语;二是文献缩略标注式,即"(姓氏(,)+年份:页码)",即信息要素整体囊括在括弧内,如(Halliday & Hasan, 1985:15),用作引文后附注。标注式两个作者并列时中间用符号"&"连接,一般不写作 and;表述式用 and,主要用于英语行文中。

　　当下外语学界普遍、突出的问题是:一将表述式之物当人;二将标注式使用过度。譬如:缩略表述式用作主语时,其属性相当于某个文献的代称,而非具体的人。因此,将这一指称物的语言单位视为人的用法显然欠妥,尤其是在人名(即那个姓氏或全名)前冠以"著名的××家/大师"等称谓,其后的动词为"说""看到""跟某某论辩"等,无疑是将物的属性人格化了。

　　缩略标注式使用过度,即同一文献的标注在同一页同一段内完整出现的频率过高。这一做法与缩略式的经济性、简明性原则相悖。在同一页面或同一段中相同的出处,为避免行文累赘,中文文献可用"同上"的字样,英文则用 *ibid*. 当然,也有"同上"或"*ibid*."使用欠当,如隔页复现(含部分复现)或其他文献出处间隔。所引文献若涉及外文和汉译两种不同版本时,则遵循"外语引文与原文出版信息对应,汉语引文与汉译出版信息对应"的原则。常见的使用差错有:"美国著名语言学家 Schiffrin(1994)""他(1985:223)""笔者(2002)""我们(2003)"等。

　　从第8辑起,本刊文后参考文献采用全国信息与文献标准化技术委员会编制、发布的《GB/T 7714—2015 信息与文献 参考文献著录规则》所规定的参考文献标写体系。注释中若出现完整参考文献信息,同样参照。该规定摘编如下:

中华人民共和国国家标准 GB/T 7714—2015
文后参考文献著录规则（摘编）

参考文献的著录，按论文中引用顺序排列。 文献类型标志见下表：

文献类型	普通图书	会议录	汇编	报纸	期刊	学位论文	报告	标准	专利	数据库	计算机程序	电子公告	档案	舆图	数据集	其他
标志代码	M	C	G	N	J	D	R	S	P	DB	CP	EB	A	CM	DS	Z

按照引用文献类型不同使用不同的方法（注意外文文献作者姓前名后），示例如下（[1] 专著，[2] 论文集、会议录，[3] 标准，[4] 专利文献，[5] 电子版专著析出文献，[6] 期刊，[7] 报纸）：

1. 著作（含普通用书、论文集或会议录） 主要责任者. 题名：其他题名信息[文献类型标识/文献载体标识]. 其他责任者. 版本项. 出版地：出版者，出版年：引文页码[引用日期]. 获取和访问路径. 数字对象唯一标识符.

[1] 陈登原. 国史旧闻：第 1 卷[M]. 北京：中华书局，2000：29.
[2] 牛志明，斯温兰德，雷光春. 综合湿地管理国际研讨会论文集[C]. 北京：海洋出版社，2012.
[3] 全国信息与文献标准化技术委员会. 信息与文献 都柏林核心元数据元素集：GB/T 25100 - 2010[S]. 北京：中国标准出版社，2010：2 - 3.

2. 著作中的析出文献 析出文献主要责任者. 析出文献题名[文献类型标识/文献载体标识]. 析出文献其他责任者//专著主要责任者. 专著题名：其他题名信息. 版本项. 出版地：出版者，出版年：析出文献的页码[引用日期]. 获取和访问路径. 数字对象唯一标识符.

[4] FOURNEY M E. Advances in holographic photoelasticity[C]//American Society of Mechanical Engineers. Applied Mechanics Division. Symposium on Applications of Holography in Mechanics，August 23 - 25，1971，University of Southern California，Los Angeles，California. New York：ASME，c1971：17 - 38.
[5] 楼梦麟，杨燕. 汶川地震基岩地震动特性分析[M/OL]//同济大学土木工程防灾国家重点实验室. 汶川地震震害研究. 上海：同济大学出版社，2011：011 - 012[2013 - 05 - 09]. http://apabi.lib.pku.edu.cn/usp/pku/pub.muv?pid=book.detail&metaid=m.20120406 - YPT - 889 - 0010.

3. 连续出版物中的析出文献 析出文献主要责任者. 析出文献题名[文献类型标识/文献载体标识]. 连续出版物题名：其他题名信息，年，卷（期）：页码[引用日期]. 获取和访问路径.

[6] DES MARAIS D J，STRAUSS H，SUMMONS R E，et al. Carbon isotope evidence for the stepwise oxidation of the Proterozoic environment[J]. Nature，1992，359：605.
[7] 丁文祥. 数字革命与竞争国际化[N]. 中国青年报，2000 - 11 - 20（15）.

4. 专利文献 专利申请者或所有者. 专利题名：专利号[文献类型标识/文献载体标识]. 公告日期或公开日期[引用日期]. 获取和访问路径. 数字对象唯一标识符.

[8] 张凯军. 轨道火车及高速轨道火车紧急安全制动辅助装置：201220158825[P]. 2012 - 04 - 05.
[9] 河北绿洲生态环境科技有限公司. 一种荒漠化地区生态植被综合培育种植方法：01129210.5[P/OL]. 2001 - 10 - 24[2002 - 05 - 28]. http://211.152.9.47/sipoasp/zlijs/hyis-yx-new.asp?recid=01129210.5&leixin.

5. 电子文献 主要责任者. 题名：其他题名信息[文献类型标识/文献载体标识]. 出版

地：出版者,出版年：引文页码(更新或修改日期)[引用日期]. 获取和访问路径. 数字对象唯一标识符.

　　[10] 萧钰. 出版业信息化迈入快车道[EB/OL]. (2001-12-19)[2002-04-15]. http://www.creader.com/news/20011219/200112190019.html.

6. 学位论文

　　[11] 马欢. 人类活动影响下海河流域典型区水循环变化分析[D]. 北京：北京大学,2011.
　　[12] CALMS R B. Infrared spectroscopic studies on solid oxygen[D]. Berkeley：Univ. of California,1965.

7. 报告

　　[13] 孔宪京,邹德高,徐斌,等. 台山核电厂海水库护岸抗震分析与安全性评价研究报告[R]. 大连：大连理工大学工程抗震研究所,2009.
　　[14] U. S. Department of Transportation Federal Highway Administration. Cuidelines for handling excavated acid-producing materials：PB 91-194001[R]. Springfield：U. S. Department of Commerce National Information Service,1990.

三、编辑体例

1. "摘要"两个字,前面空两格,后面空一格,五号宋体。内容提要的正文,中文用小五号宋体,英文用小五号 Times New Roman。
2. "关键词"三个字,前面空两格；后面空一格,五号宋体。关键词的正文,中文用小五号宋体,英文用小五号 Times New Roman。每个关键词之间用分号分隔,英文关键词实词首字母大写。
3. 文章中的独立引文上下各空一行,引文每行前面空两格,五号宋体。
4. 文章中的二级标题一律靠左,上下各空一行,四号宋体。
5. 年月日和世纪年代用阿拉伯数字表示,如"1989 年 2 月 15 日""18 世纪 40 年代"。
6. 引号与标点符号的配合：
　　(1) 如果引文是句子的一部分,标点符号在引文外面。例如：
　　　　姑且不论"知识就是力量"和"开卷有益"这两个论点在今天是否还站得住脚,但至少有一点可以肯定,国人大都认为知识的概念已"盖棺论定"。
　　(2) 如果引文是完整的句子,标点符号在引号里面。例如：
　　　　詹尼斯·福尔曼说过："我们的翻译活动可以为我们的跨学科研究提供一个高强度的透镜。"
7. 外国人名的处理：
　　外国人名首次出现,应使用全名；其后若加注外文原名,也应使用全名。后文重复出现,若上下文中无同姓者,则可仅使用姓氏,而且无须加注外文。如果名和姓均用中文,两者之间应用间隔号(名可能有多个组成元素)。例如：
　　特雷·伊格尔顿
　　如果名是字母缩写,姓是中文,两者之间应用英文句号。例如：
　　E.M.温德尔
　　外国人名首次出现,尽可能全名译出。
8. 省略号后面不再用句号或其他标点符号。例如：
　　过了一会,她来到我面前,离情依依地说："我……滴了两滴在那里面……"